Novo *Mindset* do Advogado

Impactos das *soft skills* – desconstruindo técnicas, resgatando habilidades

Volume II

Novo *Mindset* do Advogado

Impactos das *soft skills* – desconstruindo técnicas, resgatando habilidades

Volume II

Organização

Macela Nunes Leal

Quíssila Pessanha

Autoras

Cássia Azevedo Clésio

Celeida Laporta

Celia Caiuby

Dayanna Rodrigues

Diana Bonar

Diana Gondim Leal Dantas

Gabriela Pisani Medina

Grasielle dos Reis Rodrigues Mello

Indira Matos Freitas de Magalhães

Juliana A. Brochado

Macela Nunes Leal

Mayra Motta

Quíssila Pessanha

CLA editora

São Paulo | 2024

Editor científico: Guilherme Assis de Almeida
Editor: Fabio Humberg
Revisão: Humberto Grenes e Cristina Bragato
Capa: Alejandro Uribe
Fotos das autoras: arquivo pessoal

Dados Internacionais de Catalogação na Publicação (CIP)
(Câmara Brasileira do Livro, SP, Brasil)

Novo mindset do advogado : impactos das soft skills : desconstruindo técnicas, resgatando habilidades : volume II / organização Macela Nunes Leal, Quíssila Pessanha. -- 1. ed. -- São Paulo : Editora CL-A Cultural, 2024.

Várias autoras.
Bibliografia.
ISBN 978-65-87953-70-0
E-ISBN 978-65-87953-71-7

1. Advogados - Formação profissional 2. Artigos - Coletâneas 3. Competência profissional 4. Direito - Estudo e ensino 5. Formação profissional 6. Habilidades I. Leal, Macela Nunes. II. Pessanha, Quíssila.

24-237979 CDU-347.965.1

Índices para catálogo sistemático:
1. Advocacia como profissão : Direito 347.965.1

(Aline Graziele Benitez - Bibliotecária - CRB-1/3129)

Editora CL-A Cultural Ltda.
Tel.: (11) 3766-9015 | Whatsapp: (11) 96922-1083
editoracla@editoracla.com.br | www.editoracla.com.br
linkedin.com/company/editora-cl-a/ | instagram.com/editoracla

Disponível também em *ebook*

ÍNDICE

Prefácio: Tania Almeida 7

A criatividade como ferramenta de carreira profissional, modelo de negócios e vida pessoal 9
Cássia Azevedo Clésio

Empreendedorismo: inovação e habilidades no ecossistema jurídico 24
Celeida Laporta

Habilidade do trabalho em equipe no mercado de trabalho 40
Celia Caiuby e Mayra Motta

As habilidades da flexibilidade e adaptabilidade na gestão de pessoas 57
Dayanna Rodrigues

Nem todo conflito tem origem nas relações interpessoais 70
Diana Bonar

Integração de habilidades metodológicas criativas para *design* de soluções legais na advocacia consensual 84
Diana Gondim Leal Dantas

Habilidade da comunicação na advocacia (para decifrar a bola de cristal) .. 95
Gabriela Pisani Medina

Persuasão: a habilidade de influenciar 110
Grasielle dos Reis Rodrigues Mello

A habilidade da inteligência emocional na advocacia 123
Indira Matos Freitas de Magalhães

O desenvolvimento da habilidade de liderar 139
Juliana A. Brochado

Para além do conflito: como a habilidade de resolver problemas pode potencializar resultados para os clientes 154
Macela Nunes Leal e Quíssila Pessanha

Quem são as autoras 167

PREFÁCIO

De início, o encantamento pelo que o título do livro anuncia – *Novo Mindset do Advogado – Impactos das soft skills: desconstruindo técnicas, resgatando habilidades.*

Ao percorrer os artigos, a admiração pelos seus propósitos complementares: rever a prática da advocacia para aprimorá-la, colocando-a em conversa com uma lente contemporânea de múltiplas habilidades.

A lente cartesiana, linear e binária, colocou foco no certo/errado, concordo/discordo, impôs antagonismos entre pontos de vista e deixou de perceber sua complementaridade. Hoje, no mundo da diversidade, sabemos o quanto a complementaridade é bem-vinda. De ideias e de conhecimentos.

Quando aceitamos o convite da modernidade para fragmentar os saberes, pudemos mergulhar mais profundamente nas disciplinas acadêmicas, sem nos darmos conta de que nos distanciávamos de um olhar sistêmico sobre o humano – sua saúde mental, suas dores emocionais, seus relacionamentos, deixando de integrar esses aspectos às nossas práticas, e de transformá-las em um todo maior, mais amplo do que seus norteadores técnicos preconizam.

Em todos os campos do conhecimento, na medicina, na advocacia, na economia, buscamos hoje a articulação de cada prática com outros saberes e habilidades que as enriqueçam, tornando mais abrangente e mais complexa sua oferta de ajuda ao ser humano.

Convictos que estamos da profundidade técnica que alcançamos e continuamos buscando para cada segmento do conhecimento, suas *hard skills*, podemos agora aceitar o convite contemporâneo para aprimorar, em moto contínuo, o que fazemos e como fazemos, atuando mais amplamente nas situações e no cuidado com as pessoas. Coerente com a velocidade das mudanças e o encurtamento da vida média das ideias, nosso *mindset* precisa ser atualizado diuturnamente, para incorporar e resgatar competências e habilidades à nossa prática.

Essa é a atualização e esse é o aprimoramento que a leitura de cada capítulo de *Novo Mindset do Advogado – Impactos das soft skills: desconstruindo técnicas, resgatando habilidades* trará para o leitor.

As autoras mergulharam em diferentes saberes e nos presentearam, articulando cada um deles com o fazer tradicional da Advocacia, agregando imenso valor à sua prática. Uma especial contribuição para o resgate de seus maiores propósitos.

Um especial convite para o aprimoramento contínuo do profissional da Advocacia.

Convite para não ser recusado!

Tania Almeida

Mestre em Mediação de Conflitos e Facilitadora de Diálogos entre pessoas físicas e/ou jurídicas

Idealizadora e fundadora do Sistema MEDIARE

A criatividade como ferramenta de carreira profissional, modelo de negócios e vida pessoal

Cássia Azevedo Clésio

Introdução

É evidente que os profissionais do mundo jurídico precisam se atualizar e buscar formas de destaque na atuação profissional. Com o movimento crescente da inteligência artificial, muitas tarefas e cargos jurídicos estão se modificando para o encaixe à nova realidade.

Com isso, o próprio mercado jurídico se ajusta à demanda x oferta de determinados perfis profissionais. Os cargos e funções, substituíveis pela padronização usada como base da inteligência artificial, possuem um valor menor de salário, maior carga horária e a busca é por profissionais mais juniores.

Enquanto isso, cresce uma demanda de novas áreas e adaptação do perfil jurídico para um público (cliente final) cada vez mais exigente, ansioso e detalhista. Isso porque temos uma mudança de contexto socioeconômico mundial, em que há cada vez mais estudos autônomos dos públicos (clientes finais) diante do chamado mundo VUCA[1].

Com a minha própria história profissional, sendo hoje caracterizada como uma jovem advogada da Geração Z, vivi toda essa mudança de ce-

1. HUBACK, R. *Mundo VUCA: aprenda a lidar e se adaptar às mudanças*. Disponível em: <https://www.ibnd.com.br/blog/mundo-vuca-aprenda-a-lidar-e-se-adaptar-as-mudancas.html>. Acesso em: 27 mai. 2024.

nário de perto. Ainda durante o início da faculdade, procurei a prática jurídica, inicialmente na Consultoria Jurídica da União (CGU/AGU) na área de licitações e contrato e depois no cartório cível da Justiça Federal da 2ª Região. Em seguida, entrei no mundo dos escritórios de advocacia: especializado em contencioso de massa bancário e especializado em contencioso estratégico para *shoppings* e incorporadoras.

Eu não conhecia uma outra realidade de mercado jurídico além do concurso público ou advocacia privada tradicional. Contudo, a pandemia de Covid-19 me empurrou para uma demissão em massa de estagiários quando estava em pleno 10º período da faculdade. Com isso, o meu planejamento de carreira precisou ser adaptado para a realidade de estar sempre no online quando antes apenas atuava de forma presencial.

Além disso, as vagas jurídicas encolheram naquela época até hoje. Com essa pressão, precisei reformular a minha atuação e descobri o empreendedorismo jurídico como uma forma de atuação. Estudei e me certifiquei em marketing jurídico estratégico, mediação, negociação, advocacia extrajudicial, imobiliária e consensual.

Por isso, comecei a empreender com consultorias de marketing jurídico estratégico e carreira para profissionais e algumas empresas de soluções de conflitos extrajudiciais. Escolhi atuar como coordenadora jurídica imobiliária de empresas por dois anos e depois abrir meu escritório próprio.

Toda essa movimentação pediu muita criatividade para estruturar produtos para a minha atuação, estratégias para o mercado e atuação diferenciada dentro de um mercado considerado ainda tradicional na advocacia.

Portanto, decidi trazer as principais ferramentas que usei para toda a minha adaptação ao mercado jurídico desde o ano de 2020 até 2024. Espero que haja um uso e colaboração máximos de quem ler este artigo para ter inspiração para colocar a mão na massa!

Pilares iniciais com as ferramentas de estudo

a) Pensar como criança para despertar a imaginação

A criatividade não é um dom e pode ser praticada de forma treinável por qualquer pessoa que use as ferramentas corretas. Inicialmente, a imaginação é um ponto de partida importante para desenvolver essa inovação. Não há como realizar conexões de informações sem que haja um repertório e esse momento contemplativo.

O mais irônico disso tudo é que as crianças possuem essa prática de pensamento abstrato de forma natural, mas a perdem no decorrer dos anos ao se tornarem adultas, pelo fato de a sociedade exigir um pensamento concreto e linear[2]. Isso quer dizer que diminuir o senso de julgamento para pensar em ideias práticas para a sua carreira ou negócio é fundamental para não ter bloqueios.

Segundo Julia Cameron, as imagens do cotidiano, o estudo de crenças negativas e momentos de diversão são pontos cruciais em uma rotina criativa[3]. Destaca-se a necessidade de ter o hábito de "sair da caixa", ter atividades de lazer e conseguir imaginar novos usos e realidades.

Geralmente, os pais de crianças já praticam isso, de acordo com a educação de seus filhos, para acompanharem as brincadeiras; e as professoras infanto-juvenis também, para trazerem maior atenção aos estudos dos alunos.

b) Fortalecer a diversidade por meio de diferentes regiões, profissões, culturas e realidades

Outro caminho bem interessante para exercer a criatividade é conseguir ter acesso a diferentes regiões geográficas, profissões, culturas e realidades. Como o tópico anterior destaca a necessidade de ter repertório por meio da

2. GUN, M. Murilo. *Criatividade, a Base da Inovação*. Disponível em: <https://www.youtube.com/watch?v=wrZXq_xr_6g>. Acesso em: 27 mai. 2024.

3. CAMERON, Julia. *O caminho do artista*. Rio de Janeiro: Sextante, 2017. P. 51,59 e 67-59.

imaginação, isso pode ser evidenciado quando a pessoa está imersa em um mundo diferente de seu habitual.

Isso faz com que o pensamento se torne global e generalizado com o máximo de referências e variedade, mas é claro que tudo precisa ser aplicado dentro de um contexto específico.

Como um exemplo prático, o livro *O jeito Disney de encantar clientes*, do Disney Institute, traz um recorte de um de seus *resorts* na Polinésia. Houve um estudo para a aplicação de estratégias e informações de padrão de atendimento, mas, ao mesmo tempo, isso precisou ser adaptado ao contexto regional com uma imersão na cultura[4].

Isso não seria possível se o modelo de negócios da Disney não abrangesse o estudo de outras culturas para a criação de seus filmes, parques temáticos e *resorts*. A estratégia principal é justamente encantar com a criação de diversos mundos, tão próximos e tão distantes do público ao mesmo tempo, para poderem soltar a imaginação.

c) Encontrar a sua própria identidade por meio de suas habilidades e história

Apesar de um movimento de padronização do mercado jurídico, ainda é a identidade encontrada por meio da criatividade que traz um movimento diferente para a atuação.

Na prática, se espera que haja o direcionamento de serviços jurídicos aos clientes, mas o tipo de público final, a forma de fazer, a estratégia de atuação no caso, a forma de comunicação são características iniciais herdadas da visão individual do profissional.

Segundo William Ury, a primeira etapa para chegar ao sim com você mesmo é colocar-se em seu lugar. Isso quer dizer que é necessário iden-

4. DISNEY INSTITUTE. *O jeito Disney de encantar os clientes*. São Paulo: Benvirá, 2011. P. 77-82.

tificar o ponto de partida com suas características para ter clareza de seus movimentos[5].

Neste sentido, os 4 passos são ver a si mesmo a partir do camarote, ouvir com empatia, descobrir as suas necessidades e sair do julgamento para se autoconhecer. Ou seja, todas as estratégias são voltadas a entender o seu histórico familiar para identificar habilidades aprendidas e o histórico individual de performance, analisar o contexto de aplicação de cada habilidade e conseguir interpretar isso tudo de forma a se analisar como se fosse uma terceira pessoa.

d) Ter visão de crescimento na carreira e negócios

Considerando a escalada de uma carreira ou a criação de um negócio, a criatividade deve ser usada como um ponto importante de ação direcionada.

É claro que o planejamento estratégico deve ser olhado de maneira a encontrar os tijolos para a construção de um muro, mas muitas pessoas direcionam energia apenas para a rotatividade de oportunidades de trabalho e o dinheiro no curto prazo.

Por isso, Camila Farani destaca que o ponto crucial é pensar e trazer significado para a missão a ser realizada, e não apenas na proposta de sucesso e dinheiro. Aqui mora a necessidade de trazer para o papel aquilo que pode ser considerado como importante na projeção dos próximos anos, mas já pode se tornar uma meta hoje[6].

O ato de pensar em ações, metas e indicadores para demonstrar os resultados no planejamento de curto, médio e longo prazos é uma forma de criar novas realidades e projetar o futuro.

O exemplo mencionado no livro *Desistir não é uma opção* é sensacional, no momento em que a própria empresa Amazon projeta que determinados

5. URY, William. *Como chegar ao sim com você mesmo.* Rio de Janeiro: Sextante, 2015.

6. FARANI, Camila. *Desistir não é uma opção.* São Paulo: Gente, 2021. P. 151-158.

perfis de funcionários seriam potenciais concorrentes e que a concorrência surgiria naturalmente. Com isso, criou uma política de impulsionamento para que funcionários abrissem os seus próprios negócios e se tornassem os "concorrentes parceiros" da empresa em tração de crescimento.

Desta forma, evidencia-se que a análise de estudo de mercado e a visão de crescimento/futuro podem antecipar possíveis cenários e criar novas soluções para a própria carreira ou organização de negócio.

e) Estar em movimento para definir as estratégias dentro de cada contexto

Para conseguir definir as estratégias criativas, precisa-se saber o contexto para aplicação. Isso porque a criatividade surge quando há um conjunto de referências que possuem um grau de compreensão, mas também possui uma pitada de fora para conseguir se destacar das demais iniciativas.

Por isso, a definição de criatividade precisa ter um propósito. Qual é a finalidade de se tornar criativo? Como isso vai me ajudar em minha carreira ou negócio? Se não existe um porquê, vai ser difícil traçar as estratégias do "como".

Para você se tornar uma pessoa criativa, precisa pensar em ser e começar a buscar formas de conectar ideias antigas com ideias novas para trazer algo novo.

A autora Camila Vidal descreve a sua trajetória desde *freelancer* de *social media* até uma empresária de plataforma de educação para empresárias gerirem os seus próprios negócios. Descreve que foi o fato de estar em movimento que a fez entender qual era o seu propósito como empresária e o do seu negócio.

Ou seja, a criatividade precisa ter um objetivo. E esse objetivo é encontrado à medida que você faz os testes na prática e valida se aquilo faz sentido naquele contexto ou não. Não há como se sentir criativa entre quatro paredes, sem conseguir testar isso no mundo[7].

Conheça novos profissionais, converse com pessoas de profissões diferentes, entenda os modelos de negócios aplicados e comece a testar o que gostar dentro de sua própria trajetória. Com isso, você terá cada vez mais clareza do que pode ser o seu propósito hoje e também adaptá-lo a médio e longo prazo.

f) Criar agilidade emocional para conseguir criar sem neuras

Um dos pontos de uma mente criativa é saber lidar com os obstáculos. Esses obstáculos podem ser naturais das circunstâncias ou colocados por outras pessoas e até por você mesmo.

Isso porque a criatividade nasce a partir de uma necessidade, para cumprir uma missão que não seria facilmente resolvida em um momento comum e com ideias padrão.

Ou seja, o pensar criativo desafia a parte da padronização e ordem imediata em todas as ações e resultados. Essa situação pode causar enorme desconforto, irritabilidade e ansiedade para as mentes consideradas rígidas.

De um lado, a mente rígida tenta trazer para o aceitável e já conhecido caminho para economizar energia e direcionar o controle. De outro lado, a mente ágil consegue se adaptar ao contexto e criar novas soluções.

Susan David descreve várias etapas para identificar o seu tipo de mente e saber como fazer com que se torne mais flexível diante das situações. Por diversas vezes, relata que o nosso crescimento em sociedade pode aprisionar a agilidade para traçar padrões de acordo com nosso olhar interno como críticos e também de outras pessoas/circunstâncias externas[8]

7. VIDAL, Camila. *Como criar o seu próprio negócio do zero:* o jeito Moving Girls de empreender. Rio de Janeiro: Harper Collins, 2022. P. 20-30.

8. DAVID, Susan. *Agilidade Emocional:* abra sua mente, aceite mudanças e prospere no trabalho e na vida. São Paulo: Cultrix, 2018. P. 46-50.

Diante disso, entenda que o desconforto de seu lado de mente rígida trará abertura à sua mente ágil para lidar com emoções flutuantes em nosso corpo e cenários caóticos em sociedade.

Plano prático

a) Como usar as possibilidades das ferramentas de modelo de carreira e de negócios Canvas e Análise SWOT

Depois de entender a variedade de ferramentas que podem ser usadas para impulsionar a sua mente criativa, você vai precisar organizar essas ideias para conseguir colocá-las em prática.

O lado criativo faz com que você flutue por meio de ideias da sua imaginação e junções de suas referências de diferentes contextos. Entretanto, para que isso se torne uma característica a ser observada em sua carreira e negócios, precisa colocar no papel e fazer o acompanhamento necessário.

Uma das ferramentas mais usadas em planos de negócios é o famoso modelo Canvas. Essa ferramenta é justamente para ter uma visão completa do todo e poder alinhar todas as informações para aplicar estratégias.

Ao todo são 9 elementos complementares para fazer uma ideia sair do papel[9]:

1. Segmentos de clientes: identificar qual é o público-alvo;
2. Proposta de Valor: o que será resolvido de problema do cliente;
3. Canais: a comunicação será realizada por meio de quais canais?;
4. Relacionamentos com clientes: como será aplicado na prática o desenvolvimento de estratégias para conhecer mais os próprios clientes;

9. OSTERWALDER, Alexander. *Inovação em Modelos de Negócios: um manual para visionários, inovadores e revolucionários*. Rio de Janeiro: Alta Books, 2011. P. 14-19.

5. Fontes de receita: tipos de valores que serão aplicados nos serviços;
6. Recursos principais: o que é preciso para fazer o início e tudo girar;
7. Atividades chave: execução de determinados tipos de tarefas;
8. Parcerias principais: atividades mapeadas para fazer com outros personagens do mercado;
9. Estrutura de custo: tudo que pode ser aplicado para garantir dinheiro.

O grande ponto é que cada um desses elementos pode ser elaborado de forma a ser uma ideia criativa para ser aplicada na prática. Muitas vezes, temos um padrão de negócio enrijecido pelo próprio mercado, mas um olhar diferente pode trazer novas formas de aplicação.

Um exemplo disso é que se espera que um escritório de advocacia tenha uma forma geral de atuar, mas aplicar ali ferramentas técnicas especializadas já se torna uma atividade criativa. A forma de comunicação também pode ser considerada diferente do comum.

Além disso, uma famosa técnica usada para administração de empresas no quesito de estudo de mercado é a análise SWOT (sigla em inglês equivalente a Forças, Fraquezas, Oportunidades e Ameaças), que envolve o estudo dos pontos positivos e negativos de forma interna e externa do negócio e do próprio profissional em relação ao mercado, como mostrado abaixo[10]:

1. **S**: Quais são os reais pontos fortes do seu negócio, área de atuação, profissão ou carreira?
2. **W**: Quais os reais pontos fracos do seu negócio, área de atuação, profissão ou carreira?
3. **O**: Quais são as oportunidades para o seu negócio, área de atuação, profissão ou carreira?

---

10. NAKAGAWA, Marcelo. *Ferramenta análise SWOT (clássico)*. Sebrae em parceria com o Insper. Disponível em: https://sebrae.com.br/Sebrae/Portal%20Sebrae/Anexos/ME_Analise-Swot.PDF. Acesso em: 01 jun. 2024.

4. **T**: Quais são as ameaças para o seu negócio, área de atuação, profissão ou carreira?

A organização e análise geral desses pontos trazem maior clareza nas decisões e escolhas de diferenciais competitivos no mercado. Com essa ferramenta, você entende onde os seus concorrentes são falhos e cria uma força para se destacar, por exemplo.

Aqui, você também entende quando uma área de atuação paga menos que o comum do mercado, e consegue se posicionar como especialista ou criar uma nova abordagem com novo público.

b) Como usar metodologias ágeis, indicadores e técnicas para a gestão criativa

Ultrapassada a etapa de estudo de formas criativas na aplicação na gestão de negócios e carreira, chegamos ao momento do operacional. Isso quer dizer que todas as decisões elaboradas a partir dos dados do tópico anterior se tornarão tarefas para alcançar esses objetivos no mercado.

Esse acumulado de tarefas precisa ser organizado de forma que gere maior criatividade no momento de planejar e executar. Não basta pegar um monte de tarefas e fazer da forma frequente; é preciso pensar em cada uma delas como uma parte do projeto completo.

Para isso, precisamos aplicar uma das mais variadas metodologias ágeis e pensar nos possíveis indicadores para perceber o desenvolvimento das ideias na prática. Trago aqui alguns exemplos do que eu mais tenho feito na gestão dos meus projetos:

1. Metodologia ágil – Kanban: eu literalmente tenho um quadro para separar as etapas de andamento dos projetos. São 3 colunas definidas com as tarefas alinhadas: Para fazer, Fazendo e Feito. Com isso, consigo identificar momentos de "gargalo", bloqueio criativo e motivos de demora de

cumprimento de tarefas. Existem outras ferramentas como Lean e Scrum, que deixo aqui mais como referência, já que não as aplico[11].

2. Indicadores de desempenho: para você saber para onde está indo, precisa identificar o seu ponto de partida e o que precisa ser analisado até chegar ao ponto máximo. Sendo assim, precisa definir formas de métricas para ter critérios objetivos para medir o crescimento e proximidade das metas definidas para a carreira ou negócio[12].

3. Resumo, tempestade de ideias e perguntas: além dessas ferramentas usadas para planejar e organizar as ideias para transformá-las em estratégias de carreira ou negócio, temos técnicas usadas para realizar a conexão e integração de diferentes ideias. É claro que essas três técnicas que dei de exemplo aqui são muito bem usadas como ferramentas da comunicação e negociação[13]. A própria prática humana de resolver problemas e situações depende de criatividade. O resumo é uma das formas mais comuns de alinhar a comunicação e também fazer despertar curiosidade. Aqui, a própria pessoa que trouxe a ideia na reunião ou a pessoa que ouviu a ideia podem trazer os pontos principais do raciocínio para direcionar. Isso traz um despertar de organização das ideias e conexão. Já a tempestade de ideias, a famosa *brainstorm*, é usada como uma forma de trazer maior liberdade de pensamento para as reuniões e tarefas. Inicialmente, a questão crítica exige uma maior sistematização das informações e até mesmo julgamentos, mas quando há maior abertura é que surgem as novidades. A aplicação prática é simples: antes de decidir e bater o martelo sobre uma situação, traga di-

---

11. FIA BUSINESS SCHOOL. *Metodologias ágeis: o que são, tipos e principais vantagens*. Disponível em: https://fia.com.br/blog/metodologias-ageis/. Acesso em: 01 jun. 2024.

12. POIANO, Camila. *Indicadores de desempenho organizacional: 7 exemplos para começar a medir já*. Portal Sólides. Disponível em: https://blog.solides.com.br/exemplos-de-indicadores-de-desempenho/. Acesso em: 01 jun. 2024.

13. PELAJO, Samantha. SOUZA E LIMA, Evandro. Dinâmica da mediação: Ferramentas – alguns aportes. *In*: ALMEIDA, Tania; PELAJO, Samantha; JONATHAN, Eva (coords.). *Mediação de conflitos: para iniciantes, praticantes e docentes*. Salvador: JusPodivm, 2016.

ferentes pessoas para conhecer o caso. A partir disso, cada um tem o seu espaço para escrever as suas ideias de forma individual e depois falar em voz alta de forma coletiva. Essa dinâmica faz a validação de ideias repetidas que se caracterizam por maior propensão ao senso comum, enquanto as diferentes traçam uma característica única para a solução. Já a técnica das perguntas é fundamental para conseguir retirar o máximo de informações. Sempre destacar uma frequência de perguntas vai ajudar a colher e chegar mais perto da raiz do problema de forma criativa.

c) Como vender o seu projeto ou seu currículo de formas diferentes

A criatividade não está apenas no pensar e organizar, mas também em comunicar isso para o mercado da melhor forma possível. Por mais que você esteja numa forma de gestão de carreira ou início de negócio, é fundamental encontrar estratégias de divulgar e vender a sua ideia para conseguir transformar em oportunidades e monetizar.

Hoje, existem muitas ferramentas de marketing digital, como *site*, *blog*, redes sociais (Instagram, Linkedin, Tiktok), mas não basta criar qualquer conteúdo para viralizar: é necessário criar estratégias eficientes do que precisa comunicar.

Por isso, deixo aqui 10 perguntas antes de criar qualquer conteúdo[14]:

1. Qual é o objetivo?
2. O que você vende?
3. O que os seus clientes querem de você?
4. Qual é a sua história?
5. O que você tem a dizer?
6. Qual é o tipo de conteúdo necessário para a sua marca em cada etapa do processo de venda?

---

14. REZ, Rafael. *Marketing de Conteúdo:* a moeda do século XXI. São Paulo: DVS, 2016. P. 118-120.

7. Como seu conteúdo será distribuído?
8. Como a sua marca será encontrada através de pesquisa?
9. Como você vai fazer isso acontecer?
10. Como você vai mensurar os resultados?

É claro que essas perguntas são apenas a ponta do iceberg, já que haverá uma eterna viagem para cada um dos critérios e estratégias para adotar na gestão de sua carreira e seu negócio.

O currículo é uma forma de enviar proposta de trabalho com suas habilidades e a entrevista é uma reunião de negociação. Assim como as redes sociais se tornaram uma forma de cartão de visita dos projetos e de profissionais. Contudo, nem todas as pessoas estão preparadas para lidar com essa informação de forma mais objetiva e clara.

O grande ponto é que ninguém vai contratar um profissional, comprar um produto ou investir em uma ideia sem antes se sentir aguçado a participar. Com isso, o *branding* se torna uma ferramenta complementar ao marketing para trazer um posicionamento de ponto de vista estratégico reconhecível para qualquer pessoa[15].

Conclusão

Por tudo que foi exposto neste artigo, destaco que a criatividade é uma das características mais procuradas no mercado de trabalho justamente pela ânsia de novidade do mundo VUCA. A questão principal é que o mercado habituou as pessoas ao trabalho padrão e mecanizado nos moldes da industrialização, mas não conseguiu influenciar nos modelos de estudos e currículos de faculdade a tempo de desenvolver uma nova roupagem.

Com a velocidade da informação e mudanças globais de todos os níveis,

15. DUTRA, Ellen. *365 dias de branding*. Branding Lab, 2022.

há clara necessidade de trazer essa habilidade para o cotidiano de uma pessoa. Afinal, uma pessoa criativa consegue lidar melhor com as pressões, se destacar no mercado de trabalho e ainda criar novas soluções para problemas repetitivos.

Portanto, todas as ferramentas de criatividade, desde as teóricas até as práticas, são fundamentais para o desenvolvimento dos novos profissionais e a atualização dos profissionais já ativos no mercado.

Referências

CAMERON, Julia. *O caminho do artista.* Rio de Janeiro: Sextante, 2017.

DAVID, Susan. *Agilidade Emocional*: abra sua mente, aceite mudanças e prospere no trabalho e na vida. São Paulo: Cultrix, 2018.

DISNEY INSTITUTE. *O jeito Disney de encantar os clientes.* São Paulo: Benvirá, 2011.

DUTRA, Ellen. *365 dias de branding.* Branding Lab, 2022.

FARANI, Camila. *Desistir não é uma opção.* São Paulo: Gente, 2021.

FIA BUSINESS SCHOOL. *Metodologias ágeis:* o que são, tipos e principais vantagens. Disponível em: https://fia.com.br/blog/metodologias-ageis/. Acesso em: 01 jun. 2024.

GUN, M. Murilo. *Criatividade, a Base da Inovação.* Disponível em: <https://www.youtube.com/watch?v=wrZXq_xr_6g>. Acesso em: 27 mai. 2024.

HUBACK, R. *Mundo VUCA:* aprenda a lidar e se adaptar às mudanças. Disponível em: <https://www.ibnd.com.br/blog/mundo-vuca-aprenda-a-lidar-e-se-adaptar-as-mudancas.html>. Acesso em: 27 mai. 2024.

NAKAGAWA, Marcelo. *Ferramenta análise SWOT (clássico).* Sebrae em parceria com o Insper. Disponível em: https://sebrae.com.br/Sebrae/Portal%20Sebrae/Anexos/ME_Analise-Swot.PDF. Acesso em: 01 jun. 2024.

OSTERWALDER, Alexander. *Inovação em Modelos de Negócios:* um manual para visionários, inovadores e revolucionários. Rio de Janeiro: Alta Books, 2011.

PELAJO, Samantha. SOUZA E LIMA, Evandro. Dinâmica de mediação: ferramentas – alguns aportes. *In*: ALMEIDA, Tania; PELAJO, Samantha; JONATHAN, Eva (coords.). *Mediação de conflitos: para iniciantes, praticantes e docentes.* Salvador: JusPodivm, 2016.

POIANO, Camila. *Indicadores de desempenho organizacional: 7 exemplos para começar a medir já.* Portal Sólides. Disponível em: https://blog.solides.com.br/exemplos-de-indicadores-de-desempenho/. Acesso em: 01 jun. 2024.

REZ, Rafael. *Marketing de Conteúdo:* a moeda do século XXI. São Paulo: DVS, 2016. P. 118-120.

URY, William. *Como chegar ao sim com você mesmo.* Rio de Janeiro: Sextante, 2015.

VIDAL, Camila. *Como criar o seu próprio negócio do zero*: o jeito Moving Girls de empreender. Rio de Janeiro: Harper Collins, 2022.

Empreendedorismo: inovação e habilidades no ecossistema jurídico

Celeida Laporta

Introdução

O que significa empreender? Romper barreiras, arriscar, inovar, oportunizar empregabilidade e transformar vidas com sonhos que se concretizam, quando um projeto de negócio é edificado e implantado com sucesso?

O empreendedorismo está diretamente ligado à capacidade de identificar oportunidades e transformá-las em empreendimentos bem-sucedidos, é um motor vital para o desenvolvimento econômico e social. O empreendedor não apenas vislumbra soluções inovadoras para desafios existentes, mas também tem a ousadia de colocar essas ideias em prática, mudando de carreira, atuando com mudança de paradigmas e assumindo riscos calculados.

No coração e na mente do empreendedorismo estão a mentalidade proativa, a resiliência diante de obstáculos e a busca constante por melhorias e modelos inovadores que impactam no comportamento da sociedade.

Em um mundo em constante evolução, a habilidade de empreender não só cria oportunidades individuais, mas também contribui para o crescimento econômico coletivo, fomentando a criação de empregos, a inovação tecnológica e o aprimoramento da qualidade de vida.

No âmbito da mediação, observando as disposições da referida lei, surge uma oportunidade para empreendedores explorarem novas áreas de atuação. A introdução do tribunal multiportas, por exemplo, representa uma

inovação no campo da resolução de conflitos, promovendo métodos adequados para solucionar disputas, oferecendo opções como negociação, mediação, conciliação e/ou arbitragem além da já disposta "porta" de acesso à judicialização.

Empreendedores podem desempenhar um papel crucial ao atuar na mediação, oferecendo serviços especializados para facilitar negociações e reduzir litígios, sejam eles no formato presencial ou online com plataformas de acordo. Essa nova área de empreendedorismo na mediação não contribui apenas para a eficiência do sistema jurídico, como também para a construção de um ambiente empresarial mais resiliente e harmonioso.

A Lei nº 14.135, de 16 de abril de 2021, marcou uma importante iniciativa ao instituir a Semana Global do Empreendedorismo no calendário nacional, celebrada anualmente na terceira semana de novembro. Este marco legislativo ressalta a relevância do empreendedorismo como motor propulsor da economia

A Semana Global do Empreendedorismo celebra a iniciativa empreendedora e inspira a busca por inovação na mediação, alinhada às disposições da lei, visando uma sociedade mais justa e cooperativa.

Além disso, o empreendedorismo transcende fronteiras, encontrando expressão em diversos setores da sociedade. Desde empreendedores individuais, sociais, que buscam solucionar problemas sociais até intraempreendedores que promovem a inovação dentro de grandes corporações, a mentalidade empreendedora é uma força dinâmica que impulsiona a progressão.

A arte de empreender com os desafios e as oportunidades

O empreendedorismo, entendido como a capacidade de identificar oportunidades e transformá-las em empreendimentos bem-sucedidos, tem

se destacado como um elemento vital na dinâmica econômica global. Este fenômeno transcende fronteiras e setores, influenciando a sociedade de maneiras profundas e multifacetadas. Neste artigo, exploraremos algumas das características essenciais do empreendedorismo e os desafios e oportunidades inerentes a essa prática.

Em sua essência, empreender implica mais do que simplesmente criar um negócio; é uma abordagem proativa para a vida, caracterizada pela inovação, resiliência e visão de longo prazo. O empreendedor é, por natureza, um agente de mudança, constantemente buscando novas maneiras de satisfazer necessidades, resolver problemas e criar valor. Esse processo muitas vezes envolve a identificação de lacunas no mercado e a implementação de soluções criativas, contribuindo assim para o desenvolvimento econômico e social.

Um dos aspectos fundamentais do empreendedorismo é a disposição para assumir riscos calculados. O empreendedor compreende que o sucesso muitas vezes está ligado à capacidade de enfrentar desafios e superar obstáculos. No entanto, isso não significa agir impulsivamente; ao contrário, requer uma análise cuidadosa dos riscos envolvidos e a disposição para aprender com os fracassos.

No contexto atual, o empreendedorismo também está fortemente ligado à inovação tecnológica. A revolução digital trouxe consigo oportunidades inéditas para empreendedores, permitindo o surgimento de novos modelos de negócios e a transformação de indústrias inteiras. A capacidade de se adaptar a essas mudanças e adotar tecnologias emergentes tornou-se uma vantagem competitiva crucial.

No entanto, empreender não é isento de desafios. Os empreendedores frequentemente enfrentam barreiras como falta de recursos financeiros, incerteza do mercado e resistência à mudança. A capacidade de superar esses

desafios requer não apenas habilidades técnicas, mas também uma mentalidade resiliente e uma rede de apoio sólida.

Além disso, o empreendedorismo não é exclusivo do ambiente de negócios. A abordagem empreendedora pode ser aplicada em diversos contextos, incluindo organizações sem fins lucrativos, setor público e até mesmo na vida pessoal. A mentalidade empreendedora envolve a disposição para buscar constantemente oportunidades de crescimento e aprimoramento, independentemente do cenário.

O empreendedorismo no Brasil: uma análise atualizada

O cenário empreendedor no Brasil é dinâmico e reflete a resiliência e a criatividade dos brasileiros diante de desafios econômicos e sociais. De acordo com dados de 2018, a taxa de empreendedorismo no país tem apresentado tendências significativas nos últimos anos.

Segundo pesquisa realizada pelo Global Entrepreneurship Monitor (GEM)[16], a Taxa Total de Empreendedorismo (TTE) no Brasil está na 6ª colocação no grupo dos 11 países classificados com média renda e na 10ª colocação dos 49 países pesquisados. O sonho dos brasileiros em relação a ter seu próprio negócio ocupa o 4º lugar, perdendo para comprar a casa própria, viajar pelo Brasil e comprar um automóvel. Segundo o levantamento do GEM, 51,9 milhões de pessoas têm o próprio negócio no país, o que equivale a 38% da população.

Esse dado reflete não apenas a predisposição dos brasileiros para empreender, mas também a necessidade de soluções inovadoras em um ambiente econômico em constante evolução.

16. GEM 2018. Disponível em https://blog.unopar.com.br/empreendedorismo-no-brasil/?gad_source=1&gclid=CjwKCAiA-P-rBhBEEiwAQEXhHwx6m0UyKQxi4ajrNthdRI1ycyEiVCNu1nU1cB_LVguLmpvwhFzVUhoCAtoQAvD_BwE&gclsrc=aw.ds. Acesso em 18 nov. 2023.

Ao analisar a distribuição setorial, observa-se que o setor de Serviços permanece como o principal protagonista do empreendedorismo brasileiro. Outros setores em ascensão incluem Tecnologia da Informação, Agricultura e Alimentação.

Entretanto, é crucial reconhecer os desafios enfrentados pelos empreendedores no Brasil, sendo os pontos positivos a vocação do brasileiro para empreender, a dinâmica do mercado brasileiro e programas governamentais; e, como pontos limitantes, políticas governamentais (burocracias, legislação tributária complexa), escassez de apoio financeiro e precariedade na formação de mão de obra. A falta de acesso a financiamento ainda é uma barreira significativa para muitos dos empreendedores, que citam a dificuldade em obter recursos financeiros como um dos principais obstáculos.

A simplificação dos processos administrativos e a criação de políticas públicas mais favoráveis aos empreendedores são aspectos que demandam atenção para fortalecer o ecossistema empreendedor no país.

O perfil do empreendedor brasileiro apresenta uma diversidade marcante. Mulheres têm desempenhado um papel cada vez mais relevante. Esse aumento na participação feminina é um sinal positivo de mudanças sociais e econômicas em curso.

A inovação também está no centro do empreendedorismo brasileiro. Com o avanço da tecnologia, empreendedores têm explorado oportunidades no mercado digital, impulsionando a economia criativa e a transformação digital de diversos setores.

Em suma, o empreendedorismo no Brasil está em ascensão, refletindo uma resposta dinâmica às condições econômicas em constante mudança. Ao abordar desafios como acesso a financiamento e burocracia, o país pode consolidar ainda mais sua posição como um terreno fértil para o desenvolvimento de ideias inovadoras e empreendimentos bem-sucedidos. O apoio

contínuo ao ecossistema empreendedor é essencial para colher os frutos de um futuro econômico mais vibrante e sustentável.

O perfil do empreendedor e suas competências

O empreendedor, figura central na dinâmica econômica e inovação, é caracterizado por um conjunto distinto de competências e habilidades que o capacitam a enfrentar os desafios do ambiente empresarial de maneira proativa e criativa. As principais competências e habilidades do empreendedor devem estar concentradas em: visão estratégica, resiliência, iniciativa, habilidade de comunicação, adaptabilidade, conhecimento técnico, espírito colaborativo e pensamento inovador.

Um empreendedor bem-sucedido possui uma visão estratégica aguçada, capaz de identificar oportunidades mesmo em meio a desafios. Essa habilidade transcende a mera percepção do presente, permitindo antecipar tendências futuras e posicionar-se de maneira a capitalizar essas mudanças.

A resiliência é uma qualidade fundamental para o empreendedorismo, dada a inevitabilidade de enfrentar obstáculos e contratempos. A capacidade de se recuperar rapidamente, aprender com os fracassos e manter o otimismo diante das adversidades é essencial para perseverar no mundo dos negócios.

A iniciativa é a força motriz por trás da ação empreendedora. Empreendedores não esperam por oportunidades; eles as criam. A disposição para tomar a iniciativa, assumir riscos calculados e agir de maneira decisiva é uma competência-chave que impulsiona o sucesso.

Comunicar eficazmente é crucial para estabelecer conexões, vender ideias e construir relacionamentos. Empreendedores hábeis na comunicação conseguem articular claramente sua visão, influenciar partes interessadas e criar uma cultura organizacional que inspira colaboração.

O ambiente de negócios está em constante evolução, e a adaptabilidade é uma qualidade essencial para o empreendedor moderno. A capacidade de ajustar estratégias, abraçar a mudança e aprender continuamente é o que diferencia os empreendedores que prosperam daqueles que ficam para trás.

Embora a visão e a resiliência sejam vitais, o empreendedorismo também requer um sólido conhecimento técnico em relação ao setor de atuação. Entender profundamente os aspectos específicos do negócio, suas regulamentações e dinâmicas é crucial para tomar decisões informadas.

Empreendedores bem-sucedidos reconhecem a importância da colaboração. A capacidade de construir e liderar equipes eficazes, delegar responsabilidades e aproveitar a diversidade de talentos contribui significativamente para o crescimento sustentável dos empreendimentos.

A inovação é o coração do empreendedorismo. Empreendedores destacam-se por sua capacidade de pensar fora da caixa, encontrar soluções criativas para problemas existentes e criar produtos ou serviços que atendam às necessidades do mercado de maneira única.

Em resumo, o empreendedor bem-sucedido é uma combinação única de visão estratégica, resiliência, iniciativa e habilidades interpessoais. Adaptabilidade, conhecimento técnico, espírito colaborativo e um pensamento inovador solidificam o perfil do empreendedor moderno. Ao desenvolver e aprimorar essas competências, os empreendedores não apenas enfrentam os desafios do mundo dos negócios, mas também moldam ativamente o cenário econômico com suas contribuições únicas e transformadoras.

a) Habilidades essenciais do advogado e do mediador diante das tecnologias emergentes

A sociedade enfrenta uma transformação digital inédita com o advento das tecnologias emergentes, que estão moldando o futuro de maneira significativa. A inteligência artificial (IA) está se tornando onipresente, impulsionando inovações em áreas como saúde, finanças e automação. Além disso, o metaverso, que combina realidade virtual e aumentada, promete transformar a maneira como interagimos com o mundo digital. A computação quântica também está ganhando destaque, com o potencial de resolver problemas complexos de forma mais eficiente. Por fim, a cibersegurança evolui constantemente para proteger nossos dados em um cenário cada vez mais conectado .

A aplicabilidade dessas tecnologias pode acontecer por exemplo com assistentes virtuais e *chatbots*, sistemas que usam IA para responder a perguntas e executar tarefas, como Siri, Alexa e Google Assistant.

Algoritmos de IA também analisam padrões de transações para identificar atividades suspeitas e proteger contra fraudes.

A computação quântica, entre várias soluções, permite otimizar rotas de entrega e logística, além de acelerar a pesquisa farmacêutica por meio de simulações quânticas.

A inteligência artificial também desempenha um papel crucial na detecção de ameaças, identificando padrões suspeitos em tráfego de rede, e na autenticação biométrica, como com o reconhecimento facial.

Em contexto com o cenário jurídico, algumas das principais aplicações são:

- Automatização de Documentos: ferramentas de IA automatizam a criação e revisão de documentos jurídicos, como contratos e petições, reduzindo erros e economizando tempo.
- Análise de Jurisprudência: algoritmos pesquisam e analisam jurisprudência, ajudando advogados a encontrar precedentes relevantes e construir argumentos sólidos.

- Previsão de Resultados Legais: modelos de IA preveem resultados de casos com base em dados históricos, auxiliando em decisões estratégicas.
- Atendimento ao Cliente: *chatbots* fornecem respostas imediatas a perguntas comuns, melhorando a eficiência do atendimento.

No que se refere à mediação, as plataformas online com IA aplicam de forma concorrente as soluções acima de acordo com o procedimento do fluxo do acordo. Essas ferramentas buscam conciliar partes em disputa, sugerindo soluções baseadas em leis e jurisprudências aplicáveis, reconhecimento de fala e análise de sentimento.

A análise de sentimento utiliza algoritmos avançados para determinar o tom emocional por trás das palavras escritas ou faladas pelas partes em conflito. Essa análise ajuda os mediadores a identificar preocupações e sentimentos essenciais, adaptando estratégias para abordar as emoções envolvidas na disputa.

Nesse contexto, cumpre ressaltar algumas considerações importantes quanto às competências e habilidades específicas para advogados e mediadores, tais como:

- Compreensão dos conceitos principais da inteligência artificial, em especial as suas características de transparência e explicabilidade.
- Entendimento das diferentes aplicações e do arcabouço jurídico da inteligência artificial no Direito, na automação de documentos, na predição de resultados, na jurimetria e na análise de jurisprudência.
- Aprendizado contínuo sobre as inovações e os impactos das tecnologias emergentes no dia a dia da advocacia e na mediação.

Cumpre esclarecer que mediadores e advogados não precisam ser especialistas em inteligência artificial e soluções conexas, mas sim estar receptivos a desenvolver habilidades interpessoais e um novo *mindset* para trabalharem com equipes multidisciplinares com profissionais de tecnologia, com o objetivo de produzir soluções eficazes tanto para a ecossistema jurídico como para o ecossistema da gestão de conflitos.

Empreender na advocacia e áreas conexas: inovando no cenário jurídico

O cenário jurídico contemporâneo tem experimentado uma transformação significativa, impulsionada pelo empreendedorismo que permeia a advocacia e áreas conexas, como a mediação. Advogados e profissionais do Direito estão cada vez mais adotando uma mentalidade empreendedora para enfrentar os desafios do ambiente legal, proporcionando não apenas serviços jurídicos tradicionais, mas também soluções inovadoras e acessíveis.

No âmbito da advocacia, o empreendedorismo se manifesta através da criação de escritórios de advocacia modernos, que combinam *expertise* legal com estratégias de gestão empresarial. A tecnologia desempenha um papel crucial nesse contexto, facilitando a automação de tarefas rotineiras, a gestão eficiente de casos e a comunicação com clientes. Escritórios que adotam abordagens empreendedoras não apenas sobrevivem, mas prosperam em um ambiente competitivo, oferecendo serviços jurídicos de alta qualidade de maneira eficiente.

A mediação, por sua vez, tem se destacado como uma abordagem inovadora para a resolução de conflitos. Empreendedores na área jurídica estão promovendo a mediação como uma alternativa eficaz aos litígios judiciais tradicionais. Além de ser mais rápida e menos dispendiosa, a mediação permite que as partes envolvidas mantenham o controle sobre o resultado do processo, promovendo soluções mais personalizadas e, muitas vezes, preservando relações continuadas entre as partes.

O empreendedorismo na advocacia não se limita apenas à prestação de serviços legais. Advogados empreendedores estão diversificando suas atividades, oferecendo cursos, *webinars* e consultorias especializadas para outros profissionais do Direito. Esse compartilhamento de conhecimento fortalece a comunidade jurídica e ao mesmo tempo cria oportunidades de negócios adicionais.

A construção de uma marca pessoal e a presença online também são aspectos essenciais do empreendedorismo na advocacia moderna. Advogados empreendedores utilizam estratégias de marketing digital, como redes sociais e *blogs*, para estabelecer uma presença online, alcançar um público mais amplo e construir relacionamentos significativos com clientes e colegas.

No entanto, os empreendedores jurídicos enfrentam desafios próprios, como as rigorosas regulamentações éticas e a tradição muitas vezes conservadora do setor. Equilibrar a inovação com a aderência aos princípios éticos é uma linha tênue que os empreendedores jurídicos precisam navegar com cuidado.

O campo jurídico, historicamente caracterizado por sua tradição e formalidade, tem experimentado uma transformação notável com a ascensão do empreendedorismo na advocacia e áreas conexas, como a mediação. Este movimento reflete a necessidade crescente de abordagens inovadoras e adaptáveis diante de um ambiente jurídico em constante evolução.

Na advocacia empresarial, o empreendedorismo tornou-se uma força motriz para a eficiência e a prestação de serviços jurídicos mais alinhados com as demandas corporativas. Advogados empreendedores têm explorado novas formas de oferecer consultoria legal, utilizando tecnologias avançadas para gerenciar informações, automatizar tarefas rotineiras e melhorar a comunicação com os clientes.

A criação de escritórios de advocacia boutique especializados em setores específicos é um exemplo dessa abordagem empreendedora. Esses escritórios direcionam seus esforços para se tornarem especialistas em determinadas áreas, proporcionando um serviço jurídico mais personalizado e eficiente, alinhado com as complexidades de setores específicos da economia.

Diferenciar-se no ecossistema jurídico envolve ir além da prestação de serviços legais tradicionais. Empreendedores jurídicos bem-sucedidos concentram-se na experiência do cliente, utilizando abordagens mais acessíveis, comunicação transparente e uma compreensão aprofundada das necessidades específicas de seus clientes.

A inovação tecnológica tem sido um impulsionador significativo do empreendedorismo no ecossistema jurídico. Plataformas digitais, automação de processos e análise preditiva são ferramentas que aumentam a eficiência e também proporcionam uma experiência mais acessível e centrada no cliente. Empreendedores jurídicos que incorporam tecnologias emergentes podem ganhar uma vantagem competitiva substancial

Apesar dos avanços, empreender na advocacia e áreas conexas não está isento de desafios. A resistência cultural dentro da profissão, a necessidade de equilibrar a ética profissional com a inovação e a adaptação a um cenário jurídico em constante mudança são obstáculos a serem superados.

No entanto, esses desafios oferecem oportunidades para advogados empreendedores que buscam soluções inovadoras. Aqueles capazes de integrar tecnologia, estratégias de marketing e uma abordagem empreendedora ao desenvolvimento de suas práticas jurídicas têm a chance não apenas de sobreviver, mas de prosperar em um mercado jurídico cada vez mais competitivo.

O empreendedorismo jurídico está conectado com a iniciativa de estabelecer um negócio com uma perspectiva de inovação e gestão empresarial, conceitos que não são apresentados na graduação para os operadores do Direito.

Ao abraçar a inovação, adotar tecnologias emergentes e promover novas abordagens para a resolução de conflitos, os empreendedores jurídicos não apenas atendem às necessidades dos clientes modernos, mas também contribuem para a evolução positiva do sistema jurídico como um todo.

Empreender na mediação

Na área de mediação, o empreendedorismo tem desempenhado um papel fundamental na promoção de métodos alternativos de resolução de conflitos. Empreendedores jurídicos estão desenvolvendo práticas de mediação mais acessíveis e eficazes, muitas vezes combinando tecnologia e abordagens colaborativas.

A utilização de plataformas online para a mediação, por exemplo, tem se mostrado uma ferramenta valiosa para facilitar a resolução de disputas de forma eficiente e econômica. Essa abordagem agiliza o processo e aumenta a acessibilidade à resolução de conflitos, ampliando o alcance da mediação para um público mais diversificado.

O mediador, devidamente qualificado e apto para aplicar técnicas e conduzir um procedimento de mediação na gestão do conflito, é a figura essencial na resolução de conflitos. O cenário atual encontra um promissor mercado de trabalho, impulsionado pelo reconhecimento crescente da eficácia da mediação em diversos setores. Suas oportunidades de atuação são vastas e impactantes, podendo atuar com conflitos familiares, empresariais, societários, consumeristas, condominiais, superendividamento, franquias, entre tantos outros.

Setores como educação, saúde e comunidade também apresentam oportunidades para mediadores, visto que a habilidade de gerenciar conflitos é essencial em diversas interações sociais. Escolas, hospitais e organizações comunitárias reconhecem o valor de profissionais capacitados para promover diálogos construtivos e prevenir desentendimentos.

Em ambientes corporativos, o mediador desfruta de uma demanda significativa, auxiliando na gestão de conflitos internos como a "endomediação," promovendo um ambiente de trabalho mais saudável e aumentando a eficiência das equipes. Empresas buscam profissionais capacitados para facilitar negociações e evitar litígios, otimizando processos e preservando relacionamentos.

No âmbito judicial, a mediação se torna uma alternativa valiosa, aliviando a sobrecarga dos tribunais e proporcionando soluções mais ágeis e personalizadas. O mediador, nesse contexto, atua como um facilitador imparcial, contribuindo para a celeridade e eficácia na resolução de disputas legais.

Além disso, o mediador pode atuar de forma independente, *ad hoc*. Essa autonomia permite uma ampla flexibilidade na escolha de clientes e na definição da agenda de trabalho.

Conclusão

Em conclusão, o empreendedorismo é uma força dinâmica que impulsiona a inovação, o desenvolvimento econômico e a criação de valor. A capacidade de empreender não apenas molda os destinos dos indivíduos, mas também influencia a trajetória de comunidades e nações. Ao abraçar a mentalidade empreendedora, podemos enfrentar os desafios do mundo contemporâneo com criatividade, resiliência e a determinação de criar um impacto positivo duradouro

O empreendedorismo no Brasil está em ascensão, moldando positivamente a economia e a sociedade. Superar desafios, capitalizar oportunidades e promover um ambiente favorável aos negócios são elementos-chave para sustentar e ampliar esse crescimento nos próximos anos

O empreendedorismo na advocacia e nas áreas conexas está redefinindo as práticas jurídicas, promovendo a inovação e a eficiência. Advogados empreendedores estão desbravando novos caminhos, utilizando tecnologia, especialização e métodos alternativos de resolução de conflitos para atender às necessidades dinâmicas de seus clientes. À medida que a profissão jurídica abraça essa mentalidade empreendedora, ela não apenas se adapta aos desafios modernos, mas também molda ativamente o futuro do campo jurídico.

As oportunidades de atuação para o empreendedorismo na mediação são inúmeras e podem ser exercidas no âmbito privado por profissional de qualquer formação, desde que qualificado e escolhido pelas partes, refletindo a crescente importância da mediação como ferramenta eficaz na construção de relações saudáveis e na resolução pacífica de conflitos em diferentes esferas da sociedade.

Empreender no ecossistema jurídico requer uma abordagem dinâmica, adaptável e centrada no cliente. Apesar dos desafios, são muitas as oportunidades para inovar e diferenciar-se. Empreendedores jurídicos visionários estão moldando não apenas o futuro de suas práticas, mas também contribuindo para a evolução do campo jurídico como um todo. Ao integrar tecnologia, foco no cliente e uma mentalidade inovadora, esses empreendedores estão pavimentando o caminho para uma prática jurídica mais eficiente, acessível e alinhada com as demandas da sociedade contemporânea

Referências

BERNARDI, Luiz Antônio. *Manual de empreendedorismo e gestão:* fundamentos, estratégias e dinâmicas. São Paulo: Atlas, 2003.

CHIAVENATO, José Carlos Assis. *Empreendedorismo: transformando ideias em negócios*. 5. ed. Rio de Janeiro. LTC, 2015.

DORNELAS, José Carlos Assis. Empreendedorismo: transformando ideias em negócios. 5. ed. Rio de Janeiro: LTC, 2015.

DRUCKER, Peter Ferdinando. *Inovação e espírito empreendedor*: Entrepreneurship. 6. ed. São Paulo: Pioneira, 2000.

DOLABELA, Fernando. *Oficina do empreendedor:* a metodologia de ensino que ajuda a transformar conhecimento em riqueza. 6. ed. Rio de Janeiro: Sextante, 2008.

LAPORTA, Celeida Celentano; CANTARINI, Paola: GUERRA FILHO, Willis S. *Direito e Inteligência Artificial*: Fundamentos, Volume 3 – Desafios e Impactos Sociais. São Paulo: Lumen Juris. 2021.

SUSSKIND, Richard. *Advogados dos amanhã. Uma introdução ao seu futuro.* 3.ed. Florianópolis: Emais, 2023. Disponível em: https://blog.unopar.com.br/empreendedorismo-no-brasil/?gad_source=1&gclid=CjwKCAiA-P-rBhBEEiwA-QEXhHwx6m0UyKQxi4ajrNthdRI1ycyEiVCNu1nU1cB_LVguLmpvwhFzVUho-CAtoQAvD_BwE&gclsrc=aw.ds. Acesso em 18 nov. 2023.

Habilidade do trabalho em equipe no mercado de trabalho

Celia Caiuby e Mayra Motta

Conceito de trabalho em equipe

a) Definição e relevância

Neste breve ensaio será abordado o trabalho em equipe como importante competência para o mercado de trabalho do século XXI.

Em tal século, caracterizado pelo massivo e exponencial avanço tecnológico, além dos conhecimentos técnicos, se exige que os profissionais desenvolvam habilidades humanas que permitam a colaboração e a constante inovação no ambiente, na forma e no trabalho que se está realizando.

Para além de seguir transformando significativamente o mercado de trabalho, ao automatizar tarefas e criar negócios escaláveis, o avanço tecnológico também acaba por criar desafios que as máquinas ainda não são capazes de resolver, principalmente quando a solução demanda abordagens criativas e colaborativas.

A interação humana, com sua complexidade e nuances, não pode ser totalmente replicada por máquinas ou algoritmos, sendo aí, nessa interseção entre a tecnologia e as complexidades humanas, que a capacidade de trabalhar em equipe acaba assumindo um papel relevante.

Nesse cenário, trabalhar em equipe constitui um grande diferencial e se destaca como uma competência essencial para qualquer profissional, o que também inclui a área do Direito e a advocacia.

Em relação ao conceito, o termo trabalho em equipe "consiste naquele realizado por um grupo de pessoas que prioriza o esforço coletivo na realização de uma tarefa, na resolução de um problema"[17].

Segundo Merlone,

> É sobre colocar habilidades, experiências e perspectivas diferentes em ação conjunta, para alcançar resultados que seriam inatingíveis de forma isolada. Em outras palavras, trabalho em equipe é a prática de indivíduos trabalhando juntos para alcançar um objetivo comum.[18]

Trabalho em equipe, portanto, pode ser definido como a cooperação sinérgica de indivíduos, que combinam suas habilidades, experiências e visões de mundo para realizar objetivos comuns de forma mais eficaz do que seria possível isoladamente, valorizando o esforço coletivo e a colaboração criativa na resolução de problemas.

No âmbito jurídico, em que muitas das vezes a regulação normativa não acompanha a transformação social, advogados e outros profissionais do Direito se deparam com questões cada vez mais complexas, que envolvem diferentes saberes, não apenas em áreas distintas do Sistema Jurídico, mas também afetas a outras ciências, interdisciplinares e sem relação com o Direito.

Aprimorar a competência de trabalhar em equipe é, sem dúvida, mandatório para enfrentar os desafios da advocacia moderna. A resolução de casos multifacetados, a elaboração de estratégias jurídicas e a negociação de acordos complexos requerem uma coordenação eficaz entre diversos profissionais, com diferentes saberes de áreas e especialidades distintas.

---

17. *Dicionário online de português*. Disponível em: https://www.dicio.com.br/trabalho-em-equipe/ Acesso em. 26 mai. 2024.

18. MERLONE, Tiago. *Trabalho em equipe: veja qual a importância para o sucesso organizacional*. Disponível em: https://www.portaldorh.ms.gov.br/artigo-trabalho-em-equipe-veja-qual-a-importancia-para-o-sucesso-organizacional/#:~:text=%C3%89%20sobre%20colocar%20habilidades%2C%20experi%C3%AAncias,para%20alcan%C3%A7ar%20um%20objetivo%20comum. Acesso em 26 mai. 2024.

Para auxiliar o desenvolvimento da competência de trabalhar em equipe se faz necessário desenvolver algumas habilidades, tais como: a comunicação eficaz, colaboração, capacidade de resolver conflitos, adaptabilidade e liderança, que serão melhor abordadas no tópico seguinte.

Soft skills – habilidades essenciais para trabalhar em equipe

a) Comunicação eficaz

A comunicação eficaz consiste na capacidade de falar e ser compreendido claramente, eliminando ruídos e desentendimentos que possam distorcer a mensagem. Trata-se do fluxo de ideias, informações, direcionamentos, conhecimentos e dados trocados efetivamente e de forma clara entre o emissor e o receptor, de modo a garantir que a mensagem chegue de forma precisa e sem ruído ao seu destinatário.

Para tanto, deve-se atentar ao uso adequado do tom de voz, à escolha correta dos canais de comunicação e principalmente ao momento apropriado de emitir a mensagem, de modo a assegurar que o seu propósito seja entendido por todas as partes envolvidas.

Em suma, comunicação eficaz nada mais é do que garantir que o que é dito é compreendido. Vai além da simples transmissão de mensagens; envolve a capacidade de ouvir ativamente, interpretar corretamente o contexto e o conteúdo e responder de maneira adequada. Trata-se do primeiro passo para o sucesso do trabalho em equipe, na medida em que a clareza e a precisão na troca de informações garantirão o alinhamento e a contribuição adequada de todos os membros da equipe.

Para alcançar uma comunicação eficaz a escuta ativa é essencial, pois permite que os membros da equipe compreendam verdadeiramente as contribuições e preocupações uns dos outros. Isso implica não apenas ouvir as palavras ditas, mas também captar as nuances emocionais e os sinais não verbais que acompanham a comunicação.

Além disso, a capacidade de articular ideias de maneira clara e concisa é um grande diferencial, pois permite adaptar o estilo de comunicação ao respectivo público, utilizando-se de linguagem técnica ou mais simplificada conforme o caso.

A transparência e a honestidade na comunicação também são fundamentais para construir confiança dentro da equipe e garantir que todos os membros se sintam valorizados e compreendidos.

A comunicação eficaz também abrange a competência de fornecer e receber *feedback* construtivo, ou seja, específico, objetivo e orientado para o desenvolvimento e a melhoria contínua, tanto individual quanto coletiva. A capacidade de receber críticas de maneira construtiva e utilizá-las para o próprio crescimento pessoal e profissional faz parte de equipes de alto desempenho.

Em um mundo cada vez mais tecnológico, conectado e digital, a comunicação eficaz também deve considerar o uso apropriado de diferentes ferramentas e plataformas de comunicação. A escolha entre *e-mails*, mensagens instantâneas, videoconferências ou reuniões presenciais pode impactar significativamente a eficácia da comunicação.

Compreender os benefícios e as limitações de cada meio e ferramenta é crucial para garantir que a mensagem seja transmitida da forma mais eficiente possível.

A comunicação eficaz, portanto, é a espinha dorsal do trabalho em equipe, na medida em que facilita a coordenação, a colaboração e a coesão entre os membros do respectivo time. Equipes que dominam essa habilidade estão mais bem equipadas para enfrentar desafios, inovar e alcançar objetivos comuns com sucesso.

b) Colaboração

A palavra Colaboração tem origem no latim e deriva da junção de *com* e *laborare*, que significa "trabalhar em conjunto".

Em uma perspectiva simples e bem objetiva, consiste na articulação de um esforço comum em direção a uma meta compartilhada. Pressupõe que duas ou mais pessoas unam forças, combinando suas habilidades, seus conhecimentos e esforços para alcançar objetivos comuns. É a prática de trabalhar lado a lado, de maneira harmoniosa e integrada, visando alcançar realizações que, isoladamente, seriam mais difíceis ou impossíveis de atingir.

Esta competência é fundamental para o trabalho em equipe, por promover a sinergia e potencializar os resultados individuais e coletivos.

c) Resolução de conflitos

O convívio, a interação e a colaboração entre pessoas são passíveis de gerar conflitos, que nada mais são do que a falta de entendimento entre duas ou mais partes, podendo ser: intrapessoais, interpessoais, intragrupais e intergrupais[19]. Em essência, o conflito é a manifestação de diferenças e pode ser definido como "um estado antagônico de ideias, pessoas ou interesses e não passa, basicamente, da existência de opiniões e de situações divergentes ou incompatíveis"[20].

A resolução de conflitos é uma competência essencial para o trabalho em equipe, pois, como visto, o surgimento de impasses é inevitável e eles acabam ocorrendo sempre que pessoas convivem e fazem parte de um grupo.

---

19. Intrapessoais: problemas relacionados com um único indivíduo; Interpessoais: ocorrem com duas ou mais pessoas; Intragrupais: dentro de um mesmo grupo, setor ou equipe; Intergrupais: ocorrem em departamentos ou equipes distintas.

20. WEBER, Mara A. Lissarassa; FRIEDRICH, Taíse Lemos. *Gestão de conflitos: transformando conflitos organizacionais em oportunidades*. Disponível em: https://www.crars.org.br/artigos/gestAo-de-conflitos:-transformando-conflitos-organizacionais-em-oportunidades-41#:~:text=Conforme%20Berg%20(2012)%2C%20a,embate%20entre%20duas%20for%C3%A7as%20contr%C3%A1rias. Acesso em: 26 mai. 2024.

A capacidade de resolver conflitos de modo eficaz envolve identificar as causas das divergências e trabalhar de forma colaborativa para encontrar soluções que satisfaçam todas as partes envolvidas. Isso requer comunicação clara, empatia, escuta ativa e negociação.

A resolução de conflitos não é apenas sobre a eliminação de desentendimentos, mas sobre a transformação de divergências em oportunidades de melhoria e desenvolvimento. A atuação proativa na resolução do conflito, além de evitar a discórdia, pode promover a inovação, melhorar a dinâmica do grupo e, até mesmo, fortalecer as relações.

Equipes que dominam essa competência são mais resilientes, coesas e capazes de enfrentar desafios com uma abordagem construtiva e colaborativa.

d) Adaptabilidade

Adaptabilidade é a capacidade de ajustar-se rapidamente a novas circunstâncias, abraçando mudanças e transformações com agilidade. Trata-se de uma competência fundamental para o sucesso no trabalho em equipe, especialmente em um contexto em que a velocidade das mudanças é constante.

Quem promove a adaptabilidade entre os colaboradores está na vanguarda da evolução. Profissionais capazes de abraçar mudanças rapidamente trazem uma vantagem competitiva significativa. Essa agilidade não só permite que as empresas enfrentem desafios de forma eficaz, mas também capitalizem oportunidades emergentes.

Neste aspecto, o conceito do acrônimo BANI, criado por Jamais Cascio em 2018, que significa frágil, ansioso, não linear e incompreensível, é particularmente relevante na medida em que ilustra como todos os sistemas estão em constante mudança, desde as redes globais de comércio até as conexões pessoais entre amigos, familiares e colegas de trabalho.

A adaptabilidade, consistente na capacidade de se ajustar e evoluir em resposta a essas mudanças, mantendo-se resiliente e produtivo mesmo em ambientes complexos e dinâmicos é uma ferramenta indispensável para se navegar com sucesso em um mundo em constante transformação, garantindo que as equipes possam se ajustar e prosperar em meio à incerteza e à mudança, tão presentes nos ambientes corporativos e profissionais contemporâneos.

e) Liderança

Liderança é a habilidade de guiar e motivar pessoas em direção aos objetivos desejados. Envolve o conhecimento técnico e a capacidade de inspirar e influenciar ações, decisões e comportamentos, direcionando os esforços individuais e coletivos para alcançar os resultados aspirados.

Um líder eficaz não apenas delega tarefas, mas também empodera sua equipe, promove a colaboração, a inovação, e cria um ambiente propício ao crescimento e ao sucesso mútuo. O líder atua como um regente, sendo, portanto, o elemento-chave que impulsiona a habilidade de trabalhar em equipe, posicionando e extraindo o melhor de seus colaboradores de forma eficiente e harmoniosa.

Benefícios do trabalho em equipe

a) Aumento da produtividade

Um dos principais benefícios do trabalho em equipe é o aumento significativo da produtividade. Quando indivíduos colaboram e combinam seus esforços, habilidades e conhecimentos, as tarefas podem ser otimizadas e realizadas de forma mais eficiente e com maior qualidade. A divisão de trabalho entre membros de uma equipe, levando em conta suas habilidades e aptidões, permite que cada um se concentre em suas áreas de especialização, o que acaba resultando em um desempenho global mais eficaz.

Além disso, o trabalho em equipe promove a troca de ideias e perspectivas que estimulam a criatividade e a inovação. A diversidade de pensamentos e experiências enriquece o processo de tomada de decisões e a resolução de eventuais divergências, problemas ou conflitos leva a soluções mais criativas e abrangentes. Do mesmo modo, a colaboração acaba por reduzir o tempo de execução de tarefas, por permitir que várias atividades sejam realizadas simultaneamente, em vez de sequencialmente.

Outro ponto relevante é o aumento do engajamento e da motivação dos membros da equipe, pois, ao se sentirem valorizados, ouvidos e parte de um grupo coeso, eles tendem a se dedicar mais ao trabalho e contribuir com entusiasmo e comprometimento para alcançar os objetivos comuns. Isso cria um ambiente de trabalho positivo e estimulante, onde todos se sentem incentivados a oferecer o seu melhor.

b) Inovação e suporte emocional

O trabalho em equipe oferece inúmeros benefícios, dentre os quais se destacam a promoção da inovação e o suporte emocional entre os membros. Em relação à inovação, quando pessoas com diferentes habilidades, experiências e perspectivas trabalham juntas, a diversidade de pensamento acaba por gerar novas ideias e soluções criativas que dificilmente surgiriam de maneira isolada. Essa troca de conhecimentos e *insights* permite que a equipe aborde problemas de forma mais abrangente e encontre caminhos inovadores para superá-los, combinando suas competências de maneiras únicas.

Além da inovação, o trabalho em equipe proporciona um suporte emocional significativo aos seus membros. O sentimento de pertencimento a um grupo coeso acaba gerando confiança e segurança. Esse suporte emocional é fundamental para enfrentar os desafios diários e as pressões do ambiente de trabalho. Saber que há colegas dispostos a ajudar, ouvir e compartilhar experiências torna a jornada profissional mais leve e menos estressante.

O suporte emocional também contribui para a resiliência da equipe. Em momentos de dificuldade ou fracasso, a solidariedade entre os membros ajuda a manter a motivação e a perseverança, facilitando a superação de obstáculos e a aprendizagem conjunta. Este ambiente de apoio mútuo fomenta um clima de confiança e respeito, essencial para a construção de relações saudáveis e produtivas.

Em suma, o trabalho em equipe não só impulsiona a inovação, ao reunir diversas perspectivas e competências, mas também oferece um suporte emocional vital que fortalece a coesão e a resiliência do grupo. Esses benefícios combinados criam um ambiente de trabalho dinâmico, criativo e acolhedor, onde todos se sentem valorizados e motivados a contribuir com o seu melhor.

Desafios e soluções

a) Capital humano e o mercado de trabalho no contexto de sustentabilidade e do ESG

Atingir o ponto ideal do trabalho em equipe – em que a liderança seja, de fato, inspiradora, a comunicação no ambiente de trabalho se desenvolva de forma fluida, clara e funcional, assim como a colaboração, a habilidade de resolver conflitos e a capacidade de se adaptar a mudanças façam parte da cultura da empresa a ponto de promover acolhimento (suporte emocional), aumento da produtividade e inovação – é um enorme desafio.

Neste aspecto, convém mencionar que a Cúpula das Nações Unidas sobre o Desenvolvimento Sustentável, em setembro de 2015, elaborou uma agenda prevendo ações mundiais para, dentre outros objetivos e metas, até o ano de 2030, erradicar a pobreza, promover igualdade de gênero, reduzir as desigualdades sociais, promover o crescimento econômico inclusivo. Tal agenda dispõe sobre os chamados Objetivos de Desenvolvimento Sustentável (ODSs) da ONU.

A Agenda 2030 da ONU é, portanto, um plano de ação mundial que prevê o enfrentamento de desafios globais complexos, no intuito de assegurar um futuro sustentável para todas as gerações. Essa agenda difundiu o termo ESG (*Environment, Social and Governance*, que em tradução livre corresponde a Ambiental, Social e Governança).

Apesar de a popularização do termo ESG ter ocorrido a partir de 2020 (pós pandemia de Covid-19), o movimento ASG – Ambiental, Social e Governança surgiu oficialmente em 2004, com a publicação *Who Cares Wins*, elaborada por organizações do sistema financeiro, com uma série de recomendações aos analistas e gestores de ativos e fundos de pensões referentes à integração dos critérios ambientais, sociais e de governança na escolha de seus investimentos, em prol de um capitalismo sustentável.

Desde então, na linha do tempo da sustentabilidade ao longo destes 20 anos, os critérios necessários ao desenvolvimento sustentável ainda estão sendo discutidos em bases normativas e estruturais (*frameworks*), destacando a importância das principais conferências da ONU: Objetivos do Desenvolvimento do Milênio (ODMs), que estabeleceu "8 jeitos de mudar o mundo", e a já citada Agenda 2030, ambas determinantes para que o setor privado viesse integrar em suas atividades a agenda do desenvolvimento sustentável envolvendo as áreas de direitos humanos, trabalho, meio ambiente e anticorrupção.

Segundo o Pacto Global da ONU, os ODSs devem ser compreendidos como um conjunto de diretrizes, objetivos e metas que buscam assegurar os direitos humanos, acabar com a pobreza, combater a desigualdade e a injustiça, alcançar a igualdade de gênero e o empoderamento de mulheres e meninas, combater as mudanças climáticas, dentre outros, os quais exigirão esforços conjuntos de países, empresas, governos, sociedade civil. O setor privado, nesse cenário, constitui-se como agente detentor de grande poder econômico no enfrentamento dos maiores desafios sociais e ambientais de nossos tempos.

Na evolução da jornada ESG, o alinhamento entre as práticas ESG e os Objetivos de Desenvolvimento Sustentável passa a ser, juntamente com diversas normas técnicas, publicadas por meio da International Organization for Standardization (ISO) e também de seus membros nacionais, como a Associação Brasileira de Normas Técnicas (ABNT), *frameworks* que colaboram com o desenvolvimento sustentável, na medida em que estabelecem uma padronização dos conceitos, melhores práticas, indicadores de desempenho, diretrizes e requisitos para seus três eixos: ambiental, social e de governança.

Existem diferentes metodologias e *frameworks* internacionais que apresentam diretrizes utilizadas na implementação e governança do ESG , com destaque para o GRI Standards Global Report Initiative, criado em 1997 pela ONG norte-americana Ceres e pelo Programa das Nações Unidas para o Meio Ambiente (Pnuma), cujo objetivo é o desenvolvimento de diretrizes para a publicação de relatórios de sustentabilidade com rigor analítico e quantitativo em escala mundial. Além de ser este o padrão mais adotado, o GRI, atualmente, colabora na criação do ESRS (European Sustainability Reporting Standards), futura norma da União Europeia para reportar sustentabilidade.

No Brasil, as metodologias mais conhecidas são o ISE B3 – Índice de Sustentabilidade Empresarial da B3 e, mais recentemente, a Prática Recomendada ANBT PR 2030: Ambiental, Social e Governança (ESG) – Conceitos, diretrizes e modelo de avaliação e direcionamento para organizações, consideradas as fontes mais consultadas e utilizadas para a definição dos conceitos e critérios ESG.

Na prática, o ESG deve ser considerado como um indicador da qualidade de gestão das empresas para as questões ambientais, sociais e de governança. Com a consolidação dos novos conceitos de gestão e desenvolvimento sustentável e, principalmente, a padronização para promover o entendimento comum entre todas as partes interessadas (*stakeholders*), processos e procedimentos passam a facilitar a reprodução, a implementação e a disseminação de um novo modelo econômico sustentável para o planeta, no qual as empresas passam a desempenhar um papel fundamental como vetores de desenvolvimento econômico, social e ambiental voltados à satisfação das necessidades das presentes e futuras gerações.

b) Os aspectos sociais do ESG

Conceitualmente, o

> ESG vem a ser um conjunto de critérios ambientais, sociais e de governança, a serem considerados, na avaliação de riscos, oportunidades e respectivos impactos, com o objetivo de nortear atividades, negócios e investimentos sustentáveis.[21]

Ao considerar os aspectos sociais, a ABNT desenvolveu a norma de Responsabilidade Social (ABNT NBR 16001), fundamental para a Norma Internacional ISO 26000 *Guidance on Social Responsibility*, um documento de referência global cuja abordagem sistêmica da gestão de qualidade estabelecida pela ABNT NBR ISO 9001 apresenta o ciclo PDCA (Planejar, Fazer, Checar e Agir), o que pode ser considerado como excelente ponto de partida para ingressar na jornada ESG.

Embora os documentos técnicos ABNT, assim como as normas internacionais (ISO e IEC), sejam voluntários e não incluam requisitos contra-

21. ABNT PR 2030:2022, 3.14.

tuais, legais ou estatutários, é importante ressaltar que eles não substituem leis, decretos ou regulamentos com os quais as organizações devem estar em conformidade.

Segundo a ABNT PR 2030, o Capital Humano, um dos critérios do Eixo Social, está categorizado no rol dos ativos intangíveis das organizações como fator essencial para o seu funcionamento no que se refere às competências, habilidades e experiências dos colaboradores e suas motivações para inovar, levando-se em conta os critérios da Diversidade, Equidade e a Inclusão ao conduzir suas atividades mediante a implementação de políticas e práticas de diversidade e equidade, alinhadas à cultura e promoção da inclusão.

Com a ampliação do foco no social, o trabalho em equipe deverá ser desenvolvido em um ambiente de trabalho decente onde o trabalhador, seja este empregado ou autônomo, o realize em condições de liberdade, equidade, segurança e dignidade humana[22].

Neste contexto, sob a ótica da responsabilidade social e de sustentabilidade empresarial, toda e qualquer empresa, independentemente do seu porte ou setor de atividade, deverá priorizar o investimento no capital humano de seus colaboradores, considerando os critérios da diversidade, equidade e inclusão, bem como o desenvolvimento profissional de suas habilidades técnicas e competências comportamentais essenciais para que possam evoluir no ambiente de trabalho.

A Diversidade na organização, em órgãos de governança e empregados deverá levar em conta as categorias de gênero, faixa etária, ascendência e origem étnica, cidadania, crenças, deficiências, valores, preferências e comportamentos.

Em relação à Equidade, as políticas deverão garantir igualdade de condi-

22. ABNT NBR ISO 20400:2010, 3.2.

ções e oportunidades para seus colaboradores, levando em conta suas características e necessidades distintas, provendo recursos e oportunidades para que possam prosperar no ambiente de trabalho. A discriminação, em contrapartida, é justamente tratar as pessoas de forma desigual, impondo encargos desiguais ou negando-lhes benefícios em sua evolução pessoal e profissional.

Um dos objetivos das práticas de diversidade e equidade nas organizações é cumprir com os compromissos de Direitos Humanos, tornando as organizações um reflexo para a sociedade na qual estão inseridas, de acordo com as suas características e particularidades.

No entanto, não se trata apenas de compor uma equipe com características diversas, mas sim de promover um ambiente de inclusão, onde a diversidade seja valorizada, livre de preconceitos, vieses inconscientes e discriminação, principalmente de gênero.

c) Estratégias para implementação da cultura e promoção da inclusão no ambiente de trabalho

Incorporar e promover a inclusão nas organizações faz parte da estratégia de posicionamento da empresa como colaboradora do desenvolvimento social e econômico do país.

O desenvolvimento de políticas corporativas inclusivas tem como objetivo conferir transparência para os colaboradores e demais partes interessadas, estabelecer critérios, prioridades e metas a serem atingidas pela organização, direcionando as ações práticas com os compromissos adotados em consonância com os seus propósitos, missão e valores.

A comunicação eficaz por meio de treinamento e conscientização dos colaboradores é fundamental na construção da cultura organizacional favorável à diversidade, equidade e inclusão, pois engaja as equipes, desenvolve novas competências e comportamentos, além de gerar valor para os negócios.

São diversos os exemplos práticos relacionados à diversidade e inclusão, dentre os quais destacamos: a promoção de campanhas com imagens que não reflitam padrões ou estereótipos ofensivos, treinamentos das equipes de comunicação institucional e endomarketing, organização de atividades de sensibilização e capacitação com as lideranças, apoio à criação de grupos de afinidade para promover melhor ambiente e engajamento de trabalhadores com características ou interesses comuns, estabelecimento de processos seletivos na área de recursos humanos que considerem a diversidade e inclusão como parte da política de contratação, avaliação de desempenho, parâmetros para meritocracia, promoções, treinamento, dentre outros.

Ao adotar essas práticas, as empresas não apenas cumprem seu papel social, mas também constroem um ambiente de trabalho mais justo e inovador, refletindo o verdadeiro potencial do trabalho em equipe.

Conclusão

O trabalho em equipe é um pilar fundamental para o sucesso organizacional no século XXI, especialmente em um ambiente de mercado cada vez mais interconectado e tecnologicamente avançado. Definido como a união de esforços individuais em prol de objetivos comuns, o trabalho em equipe requer a integração de diversas *soft skills*, como comunicação eficaz, colaboração, resolução de conflitos, adaptabilidade e liderança. Estas competências não apenas melhoram a produtividade e promovem a inovação, mas também oferecem suporte emocional aos membros da equipe, criando um ambiente de trabalho mais saudável e inclusivo.

Os desafios contemporâneos, no entanto, são significativos. A promoção da diversidade e inclusão no ambiente de trabalho é crucial para alcançar o ponto ideal em que a comunicação seja clara e funcional, a liderança, inspiradora e a colaboração, intrínseca à cultura organizacional. Esses objetivos estão alinhados com os princípios estabelecidos pela Agenda 2030 da ONU, que busca promover o desenvolvimento sustentável através de metas como a erradicação da pobreza, a promoção da igualdade de gênero e a redução das desigualdades.

Nesse contexto, a incorporação dos critérios ESG nas práticas empresariais se torna essencial. As organizações devem adotar estratégias que promovam a inclusão, valorizem o capital humano e contribuam para um crescimento econômico inclusivo e sustentável. Enfrentar esses desafios exige um compromisso contínuo com a implementação de uma cultura organizacional inclusiva, que reconheça e valorize a diversidade e fomente um ambiente de trabalho colaborativo.

Em suma, o sucesso no trabalho em equipe não é apenas uma questão de eficiência operacional, mas também de alinhamento com valores globais de sustentabilidade e inclusão. Ao integrar as *soft skills* essenciais e enfrentar os desafios com estratégias bem delineadas, as organizações podem não apenas melhorar seu desempenho, mas, para além de uma equipe mais produtiva e engajada, também contribuir para um futuro mais equitativo e sustentável, em consonância com os Objetivos de Desenvolvimento Sustentável da ONU.

Referências

ASSOCIAÇÃO BRASILEIRA DE NORMAS TÉCNICAS. *ABNT NBR 16001, Responsabilidade social – Sistema de gestão – Requisitos.* Rio de Janeiro: ABNT, 2012.

ASSOCIAÇÃO BRASILEIRA DE NORMAS TÉCNICAS. *ABNT NBR ISO 9001, Sistemas de gestão de qualidade – Requisitos.* Rio de Janeiro: ABNT, 2015.

ASSOCIAÇÃO BRASILEIRA DE NORMAS TÉCNICAS. *ABNT NBR ISO 26000, Diretrizes sobre responsabilidade social.* Rio de Janeiro: ABNT, 2010.

ASSOCIAÇÃO BRASILEIRA DE NORMAS TÉCNICAS. *ABNT PR 2030:2022, Ambiental, social e governança (ESG) – Conceitos, diretrizes e modelo de avaliação e direcionamento para organizações.* Rio de Janeiro: ABNT, 2022.

ASSOCIAÇÃO BRASILEIRA DE NORMAS TÉCNICAS. *ABNT NBR ISO 20400:2010, Compras sustentáveis – Diretrizes.* Rio de Janeiro: ABNT, 2010.

B3. *Questionário ISE B3*: Governança Corporativa e Alta Gestão. 2021. Disponível em: https://iseb3.com.br/questionario-ise-b3-2023. Acesso em: 26 mai.2024.

Dicionário online de português. Disponível em: https://www.dicio.com.br. Acesso em: 26 mai. 2024.

GRI – Global Reporting Initiative. *GRI 412, Avaliação de Direitos Humanos.*

GRI – Global Reporting Initiative. *GRI 405, Diversidade e igualdade de oportunidades.*

GRI – Global Reporting Initiative. *GRI 404, Capacitação e educação.*

ISO. *ISO/IEC 21823-1:2019. Internet of things (IoT) — Interoperability for IoT systems.* Part 1: Framework.

MERLONE, Tiago. *Trabalho em equipe: veja qual a importância para o sucesso organizacional.* Disponível em: https://www.portaldorh.ms.gov.br/artigo-trabalho-em-equipe-veja-qual-a-importancia-para-o-sucesso-organizacional/#:~:text=-%C3%89%20sobre%20colocar%20habilidades%2C%20experi%C3%AAncias,para%20alcan%C3%A7ar%20um%20objetivo%20comum. Acesso em: 26 mai. 2024

WEBER, Mara A. Lissarassa; FRIEDRICH, Taíse Lemos. *Gestão de conflitos: transformando conflitos organizacionais em oportunidades.* Disponível em: https://www.crars.org.br/artigos/gestAo-de-conflitos:-transformando-conflitos-organizacionais-em-oportunidades-41#:~:text=Conforme%20Berg%20(2012)%2C%20a,embate%20entre%20duas%20for%C3%A7as%20contr%C3%A1rias. Acesso em 26 mai. 2024.

As habilidades da flexibilidade e adaptabilidade na gestão de pessoas

Dayanna Rodrigues

Em um mundo de constantes mudanças, onde inovações tecnológicas, adaptações regulatórias e demandas crescentes dos clientes redefinem o cenário a cada dia, **flexibilidade e adaptabilidade** se tornam habilidades essenciais para a liderança de sucesso em escritórios de advocacia e em qualquer segmento e organização.

Mais do que apenas características desejáveis, elas representam a chave para uma **gestão de pessoas eficaz** e a construção de equipes prósperas e resilientes no turbulento mar da advocacia moderna.

Importância da flexibilidade e adaptabilidade na gestão de pessoas

A flexibilidade refere-se à capacidade de ajustar rapidamente estratégias, processos e comportamentos em resposta às mudanças nas condições externas e internas. Por outro lado, a adaptabilidade é a habilidade de modificar-se de acordo com novas circunstâncias, sejam elas previstas ou inesperadas. Em um escritório de advocacia, essas competências são essenciais por várias razões:

1. **Ambiente legal em constante mudança:** leis, regulamentos e jurisprudências estão sempre evoluindo. Advogados e líderes devem ser capazes de adaptar suas práticas para acompanhar essas mudanças e oferecer aconselhamento atualizado e relevante aos clientes.

2. **Diversidade de clientes e casos:** cada cliente e cada caso apresentam desafios únicos. A capacidade de ajustar abordagens de acordo com as necessidades específicas de cada situação é crucial para o sucesso.
3. **Tecnologia e inovação:** a tecnologia está transformando a prática da advocacia. Ferramentas como inteligência artificial, análise de dados e plataformas de gerenciamento de casos requerem uma mentalidade flexível e adaptável para serem eficazmente integradas ao trabalho cotidiano.

Uma outra perspectiva interessante é compreender o real sentido das competências que estamos abordando:

- Flexibilidade: a capacidade de dobrar sem se quebrar, de se ajustar às novas realidades e aos desafios com agilidade e criatividade. No contexto da gestão de pessoas, a flexibilidade se manifesta na abertura a diferentes perspectivas, na disposição para repensar métodos tradicionais e na busca por soluções inovadoras para os problemas do dia a dia. Um líder flexível reconhece que as respostas nem sempre estão prontas e que a adaptação contínua é a chave para o sucesso.
- Adaptabilidade: a agilidade para se moldar às novas circunstâncias, aprendendo com os erros e aproveitando as oportunidades que surgem no caminho. Um líder adaptável abraça a mudança como um processo natural e enxerga nela uma chance de crescimento. Ele incentiva a experimentação, promove o aprendizado contínuo e cria um ambiente onde o erro é visto como uma oportunidade de aprimoramento.

Por que são importantes?

A gestão de pessoas é a base para o sucesso em qualquer segmento ou área. Seja seu negócio grande ou pequeno, a habilidade de liderar pessoas é a bola da vez.

É através do engajamento e do desenvolvimento dos colaboradores que se alcançam os melhores resultados. Eu costumo dizer que, com pessoas certas no lugar certo, a consequência são resultados extraordinários.

Dessa forma, a flexibilidade e adaptabilidade do líder são fundamentais para criar um ambiente propício para identificar e estimular essas qualidades na equipe.

Quais os *gaps* reais e comuns atualmente?

- 70% dos líderes não estão preparados para suas funções;
- 63% das empresas identificam a liderança como a habilidade mais necessitada, de acordo com a Deloitte;
- A falta de preparo gera um impacto de US$300 bilhões na economia global, conforme a Gallup.

Esses são dados alarmantes, que também são ocasionados por:

- **Promoções baseadas em desempenho técnico, sem considerar habilidades interpessoais:** líderes promovidos por *expertise* em suas áreas técnicas podem não ter as competências necessárias para gerenciar pessoas, motivar equipes e criar um ambiente de trabalho positivo.
- **Falta de investimento em programas de desenvolvimento de liderança:** muitas empresas não investem o suficiente na formação de seus líderes, deixando-os despreparados para lidar com os desafios do mundo atual.
- **Inadequação da formação em gestão nas universidades:** a ênfase

em áreas como finanças, marketing, direito e tecnologia nas graduações em gestão pode deixar lacunas na formação de habilidades interpessoais e de liderança.

Mas não se preocupe, isso não é um *gap* apenas na sua empresa. Isso é comum e presente na maioria das empresas espalhadas pelo mundo. Além de todos os motivos apresentados acima, os *gaps* dos líderes para atuarem de forma mais adaptável e resiliente também envolvem:

- **Falta de comunicação:** a comunicação é a base para a construção de um ambiente de trabalho flexível e adaptável. É importante que o líder se comunique de forma clara e transparente com seus colaboradores, criando canais de comunicação abertos para que todos possam se expressar livremente.
- **Resistência à mudança:** a mudança é inevitável, mas nem todos lidam com ela da mesma forma. É importante que o líder **identifique os colaboradores que resistem à mudança e ofereça suporte** para que eles se adaptem ao novo cenário. A frase "começa com quem quer, demite quem não quer" nem sempre é a melhor. Por vezes, entendemos que é melhor: "Começa com quem quer e engaja quem não quer" – geralmente os resultados são mais satisfatórios.
- **Falta de treinamento:** pode dificultar a adaptação dos colaboradores às novas tecnologias e aos métodos de trabalho. O líder deve **investir em treinamento e desenvolvimento profissional** para garantir que sua equipe esteja preparada para os desafios do futuro.

É por isso que, neste momento, reunimos visões e conteúdos complementares, que lhe auxiliarão na qualificação e direcionamento. Daremos instruções, dicas e conteúdos que lhe trarão clareza e visão do que precisa ser melhorado para que você alcance sua melhor performance em gestão de pessoas. Isso lhe aprimora para a vida, e não apenas para a função.

É comum e reincidente que muitas empresas se identifiquem com desafios específicos diretamente relacionados à falta de flexibilidade e adaptabilidade dos líderes, e lidem com reações como:

1. **Resistência à mudança:** os advogados muitas vezes são treinados para seguir precedentes e podem ser naturalmente avessos a mudanças. Essa resistência pode dificultar a adaptação a novas tecnologias ou novos métodos de trabalho.
2. **Estruturas hierárquicas rígidas:** escritórios de advocacia frequentemente operam com hierarquias bem definidas, o que pode limitar a capacidade de adaptação rápida a novas situações ou inovações.
3. **Pressão por resultados:** a pressão para obter resultados favoráveis para os clientes frequentemente leva a uma aversão ao risco, o que muitas vezes prejudica a flexibilidade e a disposição para experimentar novas abordagens.

Trouxemos luz para todas as dificuldades e características. Nas próximas linhas, você entenderá como atuar de maneira assertiva e criar ações práticas para atitudes mais funcionais e coerentes com as necessidades do mercado.

Como atuar de forma estratégica e tratar os *gaps* identificados?

Para superar esses desafios, as lideranças podem adotar estratégias como:

1. **Avaliação de competências:** realizar avaliações regulares das competências dos funcionários é capaz de ajudar a identificar áreas onde é possível melhorar a flexibilidade e a adaptabilidade. Ferramentas como *feedback* 360 graus, avaliações de desempenho e autoavaliações são úteis neste processo.
2. **Treinamento e desenvolvimento:** programas de treinamento fo-

cados em habilidades de flexibilidade e adaptabilidade, como *workshops* sobre gestão de mudanças, resolução de problemas e inovação, podem ser altamente benéficos.

3. **Mentoria e *coaching*:** implementar programas de mentoria e *coaching* em que advogados experientes orientam os mais jovens pode facilitar a transferência de conhecimentos práticos e estratégias para lidar com mudanças.

Como um líder flexível age com sua equipe

Além de ações simples e facilmente aplicáveis – mesmo sem ter uma estrutura organizacional completa, com equipe de Recursos Humanos, por exemplo –, existem atitudes adotadas por um líder que proporcionarão resultados mais eficientes com as equipes.

- **Motivação:** um líder flexível entende que as necessidades e motivações dos colaboradores são diversas e adapta seu estilo de liderança para atender às expectativas de cada um. Ele cria um ambiente onde os colaboradores se sentem valorizados e respeitados, o que os motiva a dar o seu melhor
- **Engajamento:** a flexibilidade permite ao líder adaptar as metas e os objetivos da equipe às mudanças do mercado e às necessidades dos clientes. Isso garante que os colaboradores se sintam engajados no trabalho, pois sabem que estão contribuindo para algo significativo.
- **Desenvolvimento:** um líder flexível reconhece que a aprendizagem contínua é essencial para o sucesso individual e da equipe. Ele incentiva a participação em cursos e treinamentos, cria oportunidades de desenvolvimento profissional e oferece *feedback* construtivo para ajudar os colaboradores a crescerem.

Como é a mentalidade de um líder que desenvolve adaptabilidade

Se o líder não muda por dentro, como ele pensa, dificilmente poderá sustentar essa estratégia no médio e longo prazo. Nós não estamos falando de um botão transformador que você aperta e muda rapidamente, mas de uma construção contínua, constante. Se a sua percepção no final do dia foi que você evoluiu 0,1% em relação ao que estava, isso significa que houve progresso. Porque no desenvolvimento pessoal não existe o platô: ou você evolui ou involui. Ou seja, persiga essa melhoria, que seja mínima, mas que seja contínua, que seja consistente e diária. Ao final da semana, você celebrará pequenas melhorias, ao final do mês você perceberá uma evolução significativa, ao final do semestre você reconhecerá que houve mudanças significativas e, ao final do ano, você vai se orgulhar dos resultados.

Por isso, pratique um pouco, aplique as competências abaixo nos cenários mais simples e mais fáceis. Dessa maneira, quando situações mais complexas chegarem, você estará treinado:

- **Resolução de problemas:** a capacidade de se adaptar permite ao líder encontrar soluções criativas para os problemas que surgem no dia a dia do escritório. Ele não se prende a métodos tradicionais e está sempre aberto a novas ideias.
- **Gestão de mudanças:** em um mundo em constante mudança, a adaptabilidade é crucial para a gestão eficaz das mudanças. Um líder adaptável comunica as mudanças de forma clara e transparente, oferece suporte aos colaboradores durante o processo de adaptação e celebra os sucessos alcançados.
- **Resiliência:** a adaptabilidade torna o líder mais resiliente diante dos desafios e obstáculos. Ele não desanima com as dificuldades e encontra a força para seguir em frente, motivando a equipe a fazer o mesmo.

É muito importante que, como líderes, possamos garantir que o recurso que nos cabe enquanto empresa seja provido: conhecimento (através de treinamento ou instrução, formalização e procedimento para que seja executado o trabalho adequadamente), ambiente seguro (segurança psicológica, com os profissionais se sentindo seguros e confiantes para serem eles mesmos, para questionar, perguntar, se expressar), recursos técnicos e práticos para a execução do trabalho, tempo hábil para fazê-lo e um ambiente de trabalho agradável e higiênico - considerando a Pirâmide de Maslow como uma boa base para esse respaldo.

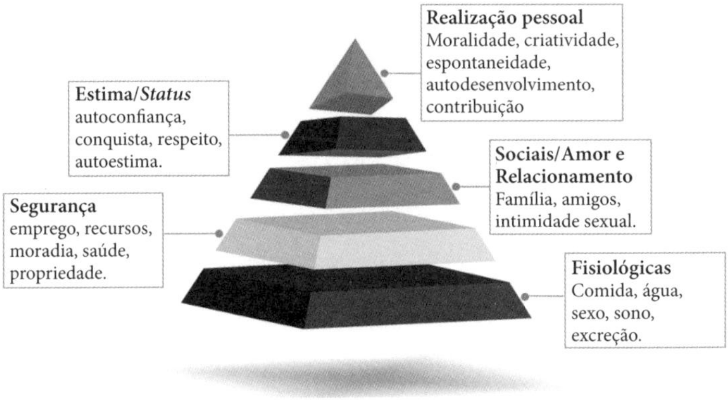

Figura 1 - Ambiente de trabalho agradável e higiênico. Elaborado pela autora, com base na Pirâmide de Maslow.

Dicas práticas para implementar políticas e desenvolver flexibilidade e adaptabilidade no ambiente de trabalho

- **Cultura de *feedback* (*feedback* contínuo):** uma cultura de *feedback* construtivo é essencial para o desenvolvimento da flexibilidade e adaptabilidade. O líder deve ter uma agenda individual recorrente! Só assim seu time terá clareza de como individualmente pode evoluir e melhorar. Estruture sua conversa trazendo sempre:

- **Agenda com toda a equipe:** crie agendas recorrentes, mensais ou bimestrais para que todos estejam na "mesma página", alinhados com a estratégia, os resultados, as expectativas da empresa, para onde vamos, como chegaremos lá, como cada área pode e deve apoiar. Isso gera um senso de pertencimento e as pessoas precisam de clareza e transparência, precisam de um norte. Quando a liderança atua dessa forma, reduz potencialmente a chance de ruídos na comunicação ou falta de direcionamento
- **Seja verdadeiro e exemplo:** não adianta exigir um comportamento resiliente se você não o faz; não adianta pedir um comportamento adaptável se você não age dessa forma. As pessoas não seguem apenas sua voz, elas seguem o seu exemplo, líder. Portanto, líder, seja guardião e exemplo das características que você valoriza e espera das pessoas.
- **Incentivo à educação continuada:** é essencial promover e subsidiar cursos de atualização e especialização para que os advogados possam se manter atualizados com as últimas tendências e mudanças na área jurídica.
- **Cultura de inovação:** estabeleça uma cultura organizacional que valorize e recompense a inovação e a tomada de riscos calculados. Isso pode incluir a criação de comitês de inovação ou a realização de *hackathons* internos.
- **Ambiente de trabalho ágil:** adotar metodologias ágeis para gestão de projetos, como o Scrum, pode ajudar a aumentar a flexibilidade e a capacidade de adaptação às mudanças.

Quero trazer agora um exemplo prático, inspirado numa liderança clássica.

A história de Alexandre, o Grande

Alexandre III da Macedônia, mais conhecido como Alexandre, o Grande, nasceu em 356 a.C. em Pella, na Macedônia. Filho do rei Filipe II e da rainha Olímpia, ele foi educado por Aristóteles, que lhe ensinou filosofia, ciência e literatura, preparando-o para se tornar um líder visionário. Aos 20 anos, Alexandre ascendeu ao trono após o assassinato de seu pai e rapidamente começou a consolidar seu poder, conquistando vastos territórios e estabelecendo um dos maiores impérios da história.

Adaptabilidade e flexibilidade na história de Alexandre

A adaptabilidade e a flexibilidade foram fundamentais para o sucesso de Alexandre. Ele enfrentou uma variedade de desafios e situações inesperadas durante suas campanhas militares e demonstrou uma habilidade notável para ajustar suas estratégias conforme necessário. Dois exemplos ilustram bem essas características:

1. **Batalha de Gaugamela (331 a.C.):** Alexandre enfrentou o exército persa liderado por Dario III. Apesar da superioridade numérica dos persas, Alexandre adaptou suas táticas de batalha para explorar as fraquezas do inimigo. Ele usou a formação de falange e manobras de cavalaria para quebrar as linhas persas, demonstrando uma flexibilidade estratégica que resultou em uma vitória decisiva.

2. **Conquista do Egito (332 a.C.):** Quando Alexandre chegou ao Egito, foi recebido como um libertador do domínio persa. Em vez de impor sua cultura e governança, Alexandre adaptou-se às tradições locais, respeitando as divindades egípcias e assumindo o título de faraó. Essa flexibilidade cultural ajudou a estabilizar seu domínio e a ganhar a lealdade dos egípcios.

Como podemos aprender com Alexandre e responder às necessidades que o século 21 nos traz?

Os líderes enfrentam um ambiente global dinâmico e interconectado, no qual a capacidade de se adaptar rapidamente e ser flexível nas abordagens é crucial para o sucesso.

As lições de Alexandre são extremamente relevantes:

- **Adaptação rápida às mudanças:** tal como Alexandre ajustou suas táticas militares para enfrentar novos desafios, os líderes modernos devem ser capazes de adaptar suas estratégias empresariais e operacionais em resposta às mudanças rápidas no mercado e na tecnologia.
- **Flexibilidade cultural e diversidade:** Alexandre reconheceu a importância de respeitar e integrar culturas diferentes. Da mesma forma, líderes atuais devem valorizar a diversidade e promover a inclusão para construir equipes fortes e inovadoras.
- **Inovação e pensamento estratégico:** Alexandre usou a inovação tática para vencer batalhas. Hoje, líderes precisam fomentar a inovação e o pensamento estratégico para manter a competitividade e se antecipar às tendências do mercado.

Lições de liderança de Alexandre:

1. **Seja proativo e visionário:** Alexandre tinha uma visão clara de expansão e dominância global, e ele agiu proativamente para concretizá-la. Os líderes de hoje devem ter uma visão clara e ser proativos na busca de seus objetivos.
2. **Valorize a diversidade e a inclusão:** Alexandre integrou culturas e promoveu a coesão entre povos diferentes. Líderes modernos devem criar ambientes de trabalho inclusivos e valorizar a diversidade para tirar proveito de uma gama mais ampla de perspectivas e habilidades.
3. **Esteja pronto para ajustar o curso:** a flexibilidade de Alexandre em

ajustar suas táticas militares serve como um lembrete para os líderes atuais estarem prontos para mudar de rumo conforme necessário, mantendo a resiliência diante de desafios inesperados.

Conclusão

A flexibilidade e a adaptabilidade são competências essenciais para a liderança eficaz na gestão de pessoas, especialmente em escritórios de advocacia. Desenvolver essas habilidades pode ajudar a superar a resistência à mudança, integrar novas tecnologias e responder eficazmente às necessidades diversificadas dos clientes. Por meio de avaliações regulares, treinamento contínuo, mentoria e políticas que incentivem a inovação, os escritórios de advocacia podem criar um ambiente onde a flexibilidade e a adaptabilidade prosperem, resultando em um desempenho superior e uma maior satisfação dos clientes.

Lembre-se: a liderança é uma habilidade essencial para o sucesso das empresas no mundo atual. Investir no desenvolvimento de liderança é um investimento no futuro do seu escritório, da sua empresa, da sua vida.

Bons líderes são a chave para impulsionar a produtividade, o engajamento e a competitividade das empresas.

Referências

BROWN, Brené. *A coragem de ser imperfeito:* como aceitar a própria vulnerabilidade, vencer a vergonha e ousar ser quem você é. Rio de Janeiro: Sextante, 2016.

CARNEGIE, Dale. *Liderança: como conquistar a confiança, a lealdade e a admiração das pessoas*. Tradução: Paulo Afonso. Rio de Janeiro, Sextante, 2022.

DAVENPORT, T. H.; PRUSAK, L. *Working Knowledge: How Organizations Manage What They Know*. Boston: Harvard Business Review Press, 2000.

GOLEMAN, D. *Working with Emotional Intelligence*. New York: Bantam Books, 1998.

KOTTER, J. P. *Leading Change*. Boston: Harvard Business Review Press, 2012.

MOSSAMBANI, Daniel. A falta de preparo dos líderes e o impacto nas empresas. *O Regional*. Disponível em: https://oregional.com.br/blog/detalhes/a-falta-de-preparo-dos-lideres-e-o-impacto-nas-empresas. Acesso em: 26 jun. 2024.

SANTOS, Leon. *Novo fenômeno está relacionado à falta de lideranças no futuro*. 22 de abril de 2024. Disponível em: https://cfa.org.br/novo-fenomeno-esta-relacionado-a-falta-de-liderancas/. Acesso em: 26 jun. 2024.

SENGE, P. M. *The Fifth Discipline: The Art & Practice of The Learning Organization*. New York: Doubleday, 2006.

TALEB, Nassim Nicholas. *Antifrágil: coisas que se beneficiam com o caos*. Tradução: Renato Marques. Rio de Janeiro: Objetiva, 2016.

Nem todo conflito tem origem nas relações interpessoais

Diana Bonar

Neste texto, vamos explorar como o conceito de Segurança Psicológica de Times, desenvolvido por Amy Edmondson, e a abordagem da Comunicação Não Violenta, criada por Marshall Rosenberg, podem nos oferecer novas perspectivas sobre a origem dos conflitos nas instituições.

O exercício da minha profissão na área de gestão de conflitos me leva a atuar em diversas instituições, tanto públicas quanto privadas, com o objetivo de contribuir para o ensino da gestão positiva de conflitos, com um foco especial na essência da comunicação não violenta.

É comum assumir que os conflitos, desentendimentos e discordâncias decorrem de diferenças de personalidade, estilos de comunicação e formas de gestão de pessoas. Embora esses fatores certamente influenciem a harmonia nas relações, a reflexão que proponho aqui vai além das dinâmicas interpessoais.

Questiono como o pensamento das pessoas que criaram ou mantêm certas estruturas organizacionais realmente impacta o bem-estar e o desempenho das equipes. Será que essas estruturas promovem eficiência e satisfação, ou, pelo contrário, geram ineficiência, adoecimento e frustração?

Uma estrutura organizacional é a forma como uma organização é configurada para alcançar seus objetivos e executar suas atividades. Ela define como as tarefas são divididas, agrupadas e coordenadas dentro da organização, e estabelece a hierarquia de autoridade, a divisão do trabalho, a distribuição de responsabilidades e a comunicação entre diferentes níveis e áreas da organização[23]. Para além disso, desempenha um papel crucial na formação e influência dos comportamentos dentro das organizações. Ela não apenas define como as tarefas e responsabilidades são distribuídas, mas também impacta profundamente a cultura organizacional, a comunicação, a tomada de decisão e a dinâmica de poder[24].

Uma estrutura organizacional disfuncional irá influenciar comportamentos e atitudes que geram frustrações, conflitos, fofocas, sensação de não pertencimento, competição, desconfiança, entre outros fatores. Portanto, o treinamento das equipes nunca será o suficiente se essa organização não mudar sua estrutura e revisitar a sua cultura.

Em 2023, fui convidada para oferecer um treinamento em Condução de Conversas Difíceis para um órgão colegiado ao sistema de justiça de grande relevância nacional, localizado em Brasília. O público-alvo eram os gestores de alto escalão, que ficam abaixo dos ministros e acima da equipe. Em uma posição vulgarmente chamada de "sanduíche", termo usado para descrever a situação desafiadora em que o indivíduo tem que equilibrar as expectativas e demandas da alta administração (acima) e as necessidades e preocupações de sua equipe (abaixo). A partir daqui vamos usar esta experiência como estudo de caso para apresentar e explorar os conceitos da Segurança Psicológica de Amy Edmondson, da Comunicação Não Violenta de Marshall Rosenberg e das estruturas de poder apresentadas por Julie Diamond.

Esta leitura convida a refletir sobre como a forma como as estruturas organizacionais estão formatadas pode contribuir para que esse ambiente seja mais fértil para o desenvolvimento de atitudes inovadoras, aumentando a produtividade e o resultado final esperado, ou como essa mesma estrutura, através da imposição do medo, pode ser uma "devoradora" da boa performance que impacta de forma negativa o resultado final.

---

23. Daft, R. L. (2018). *Organization Theory and Design*. Cengage Learning.

24. Mintzberg, H. (1992). *Structure in Fives: Designing Effective Organizations*. Prentice Hall.

Antes de iniciar o treinamento neste órgão do governo, eu conversei com algumas pessoas que já haviam trabalhado nesta instituição na função de juízes, em cargos altos, para compreender melhor o contexto. Comentários diversos foram feitos sobre a maneira como as pessoas percebiam seu ambiente de trabalho. Baseada nessas conversas, elenco aqui um resumo que fiz, que representa de forma global essas percepções:

1. Organização extremamente hierárquica sem abertura para questionar ordens;
2. Ausência de ou pouco reconhecimento;
3. Medo de retaliação e sensação de insegurança ao se expressar;
4. Sobrecarga de trabalho.

Eu usei esses relatos para checar com o grupo de 30 pessoas durante o treinamento qual era percepção deles acerca do contexto em que estavam inseridos, e não me surpreendeu a confirmação da grande maioria sobre um ambiente gerido pelo medo, no qual o jargão "manda quem pode e obedece quem tem juízo" se fazia presente.

Logo de início pude perceber a tremenda necessidade que esses gestores tinham de serem ouvidos em suas frustrações, sobre como era difícil gerir a equipe que tinham e dar conta de um volume de trabalho e processos sobre-humanos. Ao longo da escuta com eles, ouvi frases como:

"Minha equipe vive frustrada e sem motivação."

"Minha equipe não entrega como deveria e só reclamam."

"O fulano passou por cima da minha autoridade e foi falar direto com o ministro, gerando constrangimento e questionamentos sobre a minha autoridade."

A esperança do grupo é que eu tivesse uma resposta técnica que resolvesse o problema que eles estavam interpretando como sendo meramente interpessoal. Como se a questão a ser resolvida se restringisse à falta de habilidade e competências técnicas para gerir pessoas e lidar com conflitos. Como se a equipe fosse composta por pessoas problemáticas e difíceis. Eles suplicavam por uma solução que os aliviasse de uma posição extremamente desconfortável, de serem cobrados pelo "poder supremo" de um lado e se verem sem condições de motivar uma equipe que já havia esmorecido.

A minha resposta para eles foi algo nessas linhas:

"Meus caros, eu reconheço a posição aflitiva em que vocês se encontram e vejo a frustração que vocês sentem em querer motivar uma equipe e dar conta do volume enorme de trabalho. O que eu tenho a dizer a vocês é que eu posso ensinar toda a Comunicação Não Violenta (CNV) que eu sei, e passar horas ensinando sobre diálogos desafiadores, e ainda assim o estado de desmotivação e perda de sentido que suas equipes foram acometidas não irá mudar, porque o que vocês me descrevem transcende o que consideramos um conflito interpessoal; o que vocês estão experimentando são as consequências de um 'conflito sistêmico'. Ou seja, o que gera essa frustração não é apenas o trato interpessoal, mas também a forma como essa instituição se organiza, as suas normas culturais que inspiram atitudes de silenciamento, pouco diálogo, excesso de trabalho, um autoritarismo que inibe a boa performance. Certamente conhecer e aplicar a CNV irá ajudar, mas não irá transformar as estruturas se vocês não usarem esse conhecimento para questionar regras, formas de tratamento, processos internos, fluxos de comunicação e a rigidez. A função de poder que vocês ocupam permite que questionem o que já não serve mais para contribuir com o desenvolvimento e eficiência da instituição; suas equipes não ocupam esse lugar, mas vocês, sim. Isso significa que o conhecimento de hoje não deve ser usado apenas com suas equipes, mas para conversas de mudanças estruturais com os ministros. Apenas a partir deste tipo de conversa e provocações positivas vocês conseguirão alívio em suas funções e verão uma equipe mais motivada e comprometida."

O que esse grupo estava enfrentando:

- **Excesso de procedimentos:** a burocracia excessiva pode levar a lentidão nos processos, frustração e ineficiência, causando insatisfação entre os funcionários e usuários dos serviços públicos.
- **Falta de flexibilidade:** a rigidez nas regras e procedimentos pode dificultar a adaptação a mudanças e necessidades específicas, gerando conflitos quando há necessidade de respostas rápidas ou soluções criativas.
- **Barreiras hierárquicas:** barreiras de comunicação entre diferentes níveis hierárquicos podem dificultar o fluxo de informações e a tomada de decisões, gerando frustração e conflitos.
- **Metas impossíveis:** estabelecimento de metas ou prazos irrealistas pode levar a frustração e pressão excessiva sobre os funcionários.
- **Falta de reconhecimento:** a falta de reconhecimento ou recompensa por esforços e realizações pode gerar insatisfação e desmotivação, fomentando conflitos.
- **Resistência às mudanças institucionais:** a implementação de novas políticas, tecnologias ou procedimentos encontra resistência.
- **Incerteza e insegurança:** mudanças organizacionais podem gerar medo e insegurança, levando a conflitos sobre a direção e a forma de implementação das mudanças.

Esses pontos trazem mais nitidez quando levamos em consideração que os conflitos não têm origem apenas nas relações interpessoais, mas também na forma como os sistemas institucionais se organizam. Veremos agora a relevância da contribuição de Amy Edmondson para construção de organizações sem medo, que estimulam um ambiente onde as conversas francas possam acontecer impulsionando transformações.

Por que criar um ambiente sem medo impulsiona organizações a serem mais eficientes?

A Segurança Psicológica é um conceito desenvolvido pela professora Amy Edmondson, da Harvard Business School, que se refere ao clima de confiança e respeito dentro de um grupo ou organização, onde os membros se sentem seguros para assumir riscos interpessoais[25].

A segurança psicológica é um conceito que, embora não seja um "modelo de negócio" no sentido tradicional, desempenha um papel crucial em modelos de negócios de alta performance. Ela se concentra em criar um ambiente no qual os funcionários se sintam seguros para assumir riscos interpessoais, como admitir erros, expressar novas ideias e levantar questões sem medo de repercussões negativas. Quando aplicada corretamente, a segurança psicológica pode levar a melhorias significativas no desempenho organizacional[26].

Como diz Amy Edmondson,

> O medo limita nossa habilidade de pensamento e ações afetivas. Mesmo para o mais talentoso dos funcionários. Os líderes de hoje devem estar dispostos a assumir o trabalho de tirar o medo da organização para criar condições para aprendizado, inovação e crescimento.[27]

Os estudos da neurociência vêm demonstrando de forma consistente como o medo inibe e prejudica o aprendizado e a colaboração[28]. E pesquisas na área da segurança psicológica demonstram como aqueles em níveis hierárquicos baixos vivenciam estresses na presença daqueles em níveis

25. Edmondson, A. C. (1999). Psychological Safety and Learning Behavior in Work Teams. *Administrative Science Quarterly*, 44(2).

26. Edmondson, A. (2019). *The Fearless Organization: Creating Psychological Safety in the Workplace for Learning, Innovation, and Growth.*

27. Edmondson, A. C. (2018). *The Fearless Organization: Creating Psychological Safety in the Workplace for Learning, Innovation, and Growth.* Cap. 1.

28. Lupien, S. J., Maheu, F., Tu, M., Fiocco, A., & Schramek, T. E. (2007). The effects of stress and stress hormones on human cognition: Implications for the field of brain and cognition. *Brain and Cognition*, 65(3), 209-237.

mais altos. Com tudo isso, queremos demonstrar que o modelo de liderança de usar o poder sobre as pessoas, gerando silenciamento e medo, além de retrógrado, se mostra pouco inteligente e ineficaz.

Vivemos hoje em um mundo complexo, denominado de Mundo BANI, uma estrutura emergente para descrever a complexidade e a volatilidade do mundo moderno. O termo BANI é um acrônimo para *Brittle*, *Anxious*, *Non-linear* e *Incomprehensible*, traduzido como Frágil, Ansioso, Não Linear e Incompreensível. Esse conceito foi introduzido por Jamais Cascio, um futurista, para fornecer uma nova perspectiva sobre as dinâmicas do mundo atual[29].

De acordo com Jamais Cascio, neste novo contexto, colaboração, trabalho em equipe, capacidade de inovação, competência para gerir conflitos de forma positiva e criatividade para resolução de problemas complexos são fundamentais. E isso tudo só irá acontecer em ambientes psicologicamente seguros, onde discordar e estar em conflitos produtivos é um valor que impulsiona os seres humanos e as organizações[30]. Portanto, o antigo modelo de gestão de pessoas de comando e controle está fadado ao fracasso, e as organizações que insistirem neste caminho se tornarão ineficientes e falidas em diversos aspectos.

Como a comunicação não violenta contribui para construir organizações inovadoras e psicologicamente seguras?

Marshall Rosenberg foi o responsável por sistematizar conhecimentos na área da psicologia, antropologia, estudos comparados de religiões e sociologia no formato em que conhecemos a comunicação não violenta (CNV) hoje no Ocidente. Muito mais do que uma técnica de comunicação, é considerada uma abordagem que visa promover interações humanas mais empá-

29. Cascio, J. (2020). Facing the Age of Chaos. *Medium*.
30. *Idem*.

ticas e eficazes. A CNV se concentra em atender às necessidades de todos os envolvidos e em fomentar a compreensão mútua. Embora seja amplamente utilizada para melhorar as relações pessoais e resolver conflitos de maneira pacífica, Rosenberg alerta que a CNV também deve ser aplicada para promover mudanças sociais mais amplas. Neste sentido, afirma Marshall:

> Se uso a Comunicação Não Violenta para libertar as pessoas de depressão, de conviverem melhor com suas famílias, mas simultaneamente não lhes ensino como rapidamente transformar os sistemas sociais no mundo, então me torno parte do problema. Essencialmente estarei pacificando-as, fazendo-as mais felizes de viver nos sistemas como atualmente são, e assim utilizando a CNV como um narcótico.[31]

Nesta citação fica nítido como a CNV não deve ser uma ferramenta para simplesmente tornar as pessoas conformadas com situações injustas, mas sim um meio de empoderá-las para buscar mudanças significativas. Praticantes de CNV devem estar cientes da crítica de Rosenberg e se autoavaliar para garantir que sua prática não esteja inadvertidamente contribuindo para a complacência ou aceitação de sistemas opressivos. É neste sentido que a consciência e prática da CNV podem ser utilizadas para provocar transformações em sistemas opressivos.

Retornando ao nosso estudo de caso, os gestores devem usar a CNV junto às suas equipes para oferecer acolhimento das frustrações geradas a partir de um sistema opressivo, abrindo assim um canal de diálogo, e sendo disruptivos em relação ao que o sistema sugere que eles façam, que seria transferir o autoritarismo ao qual estão submetidos. Mas apenas esse movimento seria usar a CNV como "narcótico", aliviando a pressão que o sistema gera, sem transformar o sistema em si. Portanto, o que estamos sugerindo é que a prática da CNV seja utilizada para transformar os sistemas disfuncionais

31. Rosenberg, M. B. (2004). *The Heart of Social Change: How to Make a Difference in Your World*. PuddleDancer Press. Tradução nossa.

ou opressivos em espaços psicologicamente seguros. Ou seja, a CNV seria o meio através do qual essa transformação poderia ocorrer, garantindo um maior grau de sucesso quando aplicada em conversas difíceis.

Está enganado quem acredita que uma instituição que zele pela segurança psicológica seria igual a uma "falsa harmonia", em que as pessoas se tratam com gentileza para evitar os confrontos e se fingir de bacanas. Amy Edmondson diz que pelo contrário:

> Segurança Psicológica tem a ver com franqueza, com tornar possível a discordância produtiva e a livre troca de ideias. Não é preciso dizer que elas são vitais para o aprendizado e inovação. A Segurança Psicológica possibilita que as pessoas em diferentes lados do conflito possam falar francamente sobre o que as está incomodando.[32]

É justamente neste momento da franqueza que entram a consciência e prática da CNV. Portanto, não é sobre não ter conflitos, mas sobre como lidar com eles de forma eficiente. É sobre transformar conversas difíceis em conversas que geram aprendizado. Sem a consciência da CNV, que nos ensina a gerir uma conversa com assertividade e empatia, muito provavelmente essas conversas se tornariam inócuas.

Portanto, os gestores, além de usar a prática da empatia com suas equipes, também precisam convidar os ministros a se sentarem nesta mesa de diálogos. Para que todos que possuem o poder para transformar este sistema disfuncional possam contribuir com suas perspectivas, ideias, discordância, com visão dos desafios que a sociedade como um todo oferece.

Quais os desafios de uma conversa com quem detém o poder?

No livro *Power: A User's Guide*, Julie Diamond explora a dinâmica do

32. Edmondson, A. (2019). *The Fearless Organization: Creating Psychological Safety in the Workplace for Learning, Innovation, and Growth*. Tradução nossa.

poder e o impacto que o acúmulo do poder pode ter sobre indivíduos. Diamond aborda a complexidade do poder, incluindo como ele pode transformar a maneira como uma pessoa vê a si mesma e aos outros, além de influenciar seu comportamento e suas decisões[33].

Diamond enfatiza que o impacto do poder não é unidimensional e depende muito do contexto e da responsabilidade com a qual o poder é exercido. O poder pode ser uma força para o bem ou para o mal, dependendo de como é utilizado[34].

- **Poder Responsável:** indivíduos que entendem o poder como uma responsabilidade têm mais probabilidade de usá-lo de maneira ética e construtiva, promovendo o bem-estar dos outros e da comunidade.
- **Poder Abusivo:** quando mal utilizado, o poder pode levar ao abuso, à opressão e à exploração, com consequências negativas para indivíduos e grupos.

A autora, no livro citado, oferece *insights* valiosos sobre como abordar e conduzir conversas com indivíduos que detêm muito poder. Ela reconhece que a dinâmica do poder pode ser desafiadora e fornece estratégias práticas para interagir eficazmente com pessoas em posições de autoridade ou influência.

Voltemos ao nosso estudo de caso dos gestores que precisam usar a comunicação não violenta para acolher e ouvir sua equipe, e também para questionar o *status quo* ao convidar os reais detentores do poder, com potencial para provocar mudanças sistêmicas, para uma rodada de conversas. É necessário enfatizar que já presenciei o mesmo dilema situacional em empresas privadas e organizações nao governamentais internacionais. Contrariamente ao que o senso comum pode conceber, o exercício por ve-

33. Diamond, J. (2016). *Power: A User's Guide.*

34. *Idem.*

zes autoritário do poder que produz disfuncionalidade não é circunstância exclusiva de instituições tradicionais, como é o caso deste órgão do governo a que estou me referindo. Esta é apenas mais uma instituição, entre tantas, que passam por isso. Lembre-se de que todas elas fazem parte da mesma cultura, da mesma sociedade, e que, portanto, são influenciadas pela mesma forma de pensar. As duas autoras, Julie e Amy, e o autor Marshall são estudiosos que questionam essa cultura que gera opressão, silenciamento, disfuncionalidade e desmotivação. Portanto, a intenção deste artigo é convidar você, leitor ou leitora, a ver a situação por um outro ângulo, com outra consciência.

Antes de compartilhar as dicas de Julie Diamond sobre como conversar com quem detém o poder, vale lembrar que a CNV busca aproximar as pessoas pelo que chamamos de "humana compartilhada" ou, na linguagem da CNV, "necessidades humanas universais". Este conceito das necessidades para CNV é o que nos aproxima enquanto humanos, independentemente de raça, gênero ou nacionalidade. Com isso quero dizer que todos nós compreendemos o valor de necessidades como pertencimento, apoio, autonomia, liberdade, amor, segurança e expressão de identidade. Conhecer o valor e a relevância desse campo subjetivo nos aproxima. Mas, como não fomos ensinados a mapear as nossas necessidades nem as dos outros, tendemos a usar uma linguagem trágica e cheia de julgamentos para alcançar o que desejamos. Por exemplo, julgar alguém como "dono da razão" não fará com que essa pessoa me escute, pelo contrário. Portanto, o que a CNV sugere é que a nossa linguagem inclua as necessidades que são importantes para nós e para o outro. Este detalhe, aparentemente simples, muda muita coisa. Nesse exemplo, em vez de dizer "Você se acha o dono da razão", eu diria "Em nossa relação, eu preciso sentir que a minha voz também importa e sinto dificuldade em conversar com você, tenho a sensação de que você não tem tanta abertura e eu gostaria de falar sobre isso". Portanto, o uso da CNV se faz essencial em conversas com quem detém o poder, porque aumenta a probabilidade de que as partes envolvidas queiram de fato manter um diálogo e se aproximem de uma zona negocial. Importante ter em mente que, quanto mais alguém escuta julgamento, mais defensivo se torna.

Julie Diamond enfatiza que conversar com pessoas que possuem muito poder exige uma combinação de preparação, empatia, clareza e respeito pelas dinâmicas de poder. Abordar essas interações com uma mentalidade estratégica e colaborativa pode facilitar o engajamento e a obtenção de apoio, enquanto se mantém um relacionamento positivo e construtivo.

É valendo-nos desses conceitos basilares da CNV que estruturamos as intervenções em instituições públicas e privadas, objetivando sempre contribuir com a construção de ambientes que garantam a segurança psicológica necessária para o desenvolvimento de suas atividades. Com isso, buscamos facilitar o caminho para que os diálogos estruturais possam acontecer com franqueza. Seguindo as dicas de Julie Diamond, fique atento aos seguintes fatores:

1. Preparação e Autoavaliação

Considere o contexto em que a pessoa exerce seu poder e como isso pode influenciar sua perspectiva e suas decisões. Saber o que você deseja alcançar e por que é fundamental para manter o foco e a clareza durante a interação.

2. Estabelecimento de Conexão e Empatia

Use técnicas de escuta (CNV) ativa para mostrar que você valoriza a perspectiva dela e está realmente interessado em entender seu ponto de vista.

3. Objetividade na Comunicação

Pessoas em posições de poder geralmente valorizam a eficiência e a clareza. Evite rodeios e vá direto ao ponto. Articule suas ideias de maneira concisa e clara. Use dados para provar seus argumentos e enfatize benefícios mútuos.

4. Gestão das Dinâmicas de Poder

Não ignore ou subestime o poder da outra pessoa. Reconheça sua posição e a influência que ela tem. Isso demonstra respeito e compreensão das dinâmicas de poder.

Tendo em vista a complexidade da matéria, todas as competências da CNV que apresentamos até agora para condução de conversas francas e para construção de ambientes psicologicamente seguros não se aprendem exclusivamente por meios bibliográficos, ainda que sejam fundamentais. Há na CNV um aspecto vivencial de grande importância. Para além de discussões teóricas, é imprescindível viver a comunicação não violenta. Tal experiência pode ser obtida por meio de cursos, grupos de práticas, encontros temáticos e exercícios guiados que reforcem esses novos valores ligados a empatia, colaboração, escuta, diálogo e negociação. Como já mencionado, a CNV não é uma técnica, mas uma inovadora abordagem para enxergar a vida e as relações, que demanda intenção, disponibilidade e curiosidade.

Referências

CASCIO, J. Facing the Age of Chaos. *Medium*. 2020.

DAFT, R. L. *Organization Theory and Design*. Boston: Cengage Learning, 2018.

DIAMOND, J. *Power: A User's Guide*. Santa Fe: Belly Song Press, 2016.

EDMONDSON, A. *The Fearless Organization:* Creating Psychological Safety in the Workplace for Learning, Innovation, and Growth. San Francisco: Wiley, 2019.

EDMONDSON, A. C. Psychological Safety and Learning Behavior in Work Teams. *Administrative Science Quarterly*, 44(2), 1999.

LUPIEN, S. J.; MAHEU, F.; TU, M.; FIOCCO, A.; SCHRAMEK, T. E. The effects of stress and stress hormones on human cognition: Implications for the field of brain and cognition. *Brain and Cognition*, 65(3), 209-237, 2007.

MINTZBERG, H. *Structure in Fives:* Designing Effective Organizations. Upper Saddle River: Prentice Hall, 1992.

ROSENBERG, M. B. *The Heart of Social Change:* How to Make a Difference in Your World. Encinitas: PuddleDancer Press, 2004.

Integração de habilidades metodológicas criativas para *design* de soluções legais na advocacia consensual

Diana Gondim Leal Dantas

Introdução

A atualização do conceito de acesso à justiça como acesso à ordem jurídica justa traz, em sua essência, um olhar para novas metodologias de alcance da justiça por meio do Direito. Ela devolve aos seus operadores a responsabilidade de pensar com liberdade em outras formas e mecanismos de resolução consensual de conflitos que melhor se adequem à sociedade.

A criatividade jurídica da atualidade rechaça medidas legalistas, genéricas e impróprias (GORETTI, 2019, p. 53), ansiando por soluções jurídicas mais adequadas e eficazes à realidade de cada indivíduo. Hoje, operar o Direito de maneira consciente inclui refletir e avaliar cenários para prevenir, gerir ou resolver conflitos, antes de tirar o Judiciário da inércia.

Na advocacia consensual contemporânea, é possível observar um movimento reflexivo sobre quem são os verdadeiros protagonistas e sobre como a colaboração multidisciplinar potencializa resultados em relação ao sistema jurídico tradicional. Na realidade, a ideia é tornar esse sistema mais acessível, eficiente e centrado nos interesses reais do cliente, gerando opções de ganhos mútuos.

Para transformar sua atuação tradicional em competências que atendam aos anseios da nova realidade, alguns advogados se encaminham para a via do consenso e, de maneira inconsciente, desenvolvem um *mindset* de crescimento. A partir disso, passam a enfrentar os desafios de cada caso com inteligência crítica, criatividade e mais flexibilidade, alcançando altos níveis de conquistas (DWECK, 2017, p. 274).

O atual modelo de construção metodológica para soluções de problemas complexos, visando ao alcance do binômio número de possibilidades e maior benefício para as pessoas envolvidas, exige dos operadores do Direito habilidades arrojadas. Além disso, requer desses profissionais a clareza de um método que conecte todos os pontos de cada caso concreto, em conformidade com os princípios éticos, legais e independentes do Estado-juiz.

É nesse contexto de abertura e mudança de mentalidade que despontam as novas abordagens metodológicas interdisciplinares, buscando otimizar processos por meio da prevenção e resolução de problemas com celeridade e menos desgaste emocional. Isso engloba desde a simplificação de recursos comunicacionais e visuais – *visual law* – até os princípios do *legal design* e *design* de sistemas de disputas cotidianas.

A seguir, são apresentadas as abordagens capazes de modificar a dinâmica de como as pessoas e os advogados protagonizam a via do consenso e resolvem suas disputas a partir da solução mais adequada, com empreendimento de esforços em torno de atividades de diagnóstico, mapeamento, interpretação e decisão sobre metodologias pautadas em critérios objetivos.

O *mindset* de crescimento do advogado consensual

Inobstante o acesso à justiça ser uma expressão social complexa de definir, Mauro Cappelletti e Bryant Garth aduzem que, independentemente de interpretações, o sistema jurídico deverá produzir dois efeitos: resultados individuais e socialmente justos para todos e acesso à melhor via possível para todas as pessoas, recorrendo, ou não, ao Judiciário (1988, p. 8).

A cultura da pacificação prega que as tomadas de decisões precisam ser justas e adequadas a cada contexto fático. Isso, por si só, já afasta qualquer direcionamento automático do litígio para o Estado-juiz (WATANABE, 2014, p. 38), ou seja, devolve-se a titularidade para as pessoas que estão litigando desenharem a melhor solução, juntamente com seus representantes legais, removendo a terceirização da construção dos resultados dos conflitos.

Hoje, com as multifacetas e complexidades apresentadas por cada conflito, passa-se a exigir dos operadores do Direito abordagens metodológicas flexíveis e dinâmicas (CALMON, 2008, p. 6). Ao se deparar com o caso concreto, o advogado deve partir para a delimitação de quais canais e mecanismos serão mais eficazes e eficientes, iniciando um processo de desenho de possibilidades e custos-benefícios.

Para Dulce Nascimento, os advogados que optam por exercer sua prática pela via do consenso "[...] percebem-se como parte da solução e desenvolvem uma maturidade técnica e intelectual sobre a disponibilidade dos processos, procedimentos, regras e princípios dos meios existentes" (2021, p. 115), buscando o melhor resultado para a tomada de decisões informadas por seu cliente.

O advogado consensual, nesse contexto, passa a desenvolver uma mentalidade que se baseia na crença de que habilidades e talentos podem ser desenvolvidos por meio de aprendizados, transformando-se em competências cognitivas, perceptivas, emocionais, comunicativas, negociais, criativas e críticas. Isso amplia ainda mais suas inteligências interpessoal e intrapessoal (GORETTI, 2016, p. 218-224).

Ao adquirir novas competências para atuar com mais clareza e dinamismo, observa-se o surgimento de características pessoais e profissionais que se confundem com o conceito de *mindset* de crescimento trazido por Carol Dweck, que aduz que profissionais com a mentalidade de crescimento veem os desafios como oportunidades de crescimento e estão dispostos a enfrentá-los com resiliência e determinação (2017, p. 14).

O desenvolvimento de um *mindset* de crescimento é essencial para os advogados enfrentarem os desafios e ineditismos dos conflitos com mais confiança. Com essa mentalidade, esses profissionais estão prontos para romper padrões preestabelecidos, facilitando o estudo de problemas complexos e possibilitando o desenvolvendo de estratégias legais eficazes, adequadas às necessidades dos clientes.

Embora cientes da necessidade de entregar autonomia e decisões informadas às partes, esses profissionais ainda criam soluções soltas, subjetivas e sem consistência metodológica, o que inviabiliza a métrica de sucesso. Os desenhos de soluções extrajudiciais baseados em metodologias despontam como uma grande e inovadora oportunidade de, além de desenvolver um perfil estratégico e colaborativo, traçar um passo a passo de como criar uma gama de possibilidades que otimizam e ampliam os horizontes de escolha das soluções.

O desenvolvimento de habilidades para desenhar as melhores soluções

O fato de as pessoas não conhecerem outros caminhos e mecanismos que facilitem a resolução consensual de seus conflitos não significa que elas sejam beligerantes por natureza. Trata-se, pois, de uma mentalidade proveniente da desinformação e da falta de disseminação das diversas oportunidades que um conflito pode apresentar, já que milhares de processos do Judiciário brasileiro dizem respeito a grandes litigantes, e não à sociedade civil em si.

Depois de a Resolução nº 125, de 29 de novembro de 2010, do Conselho Nacional de Justiça (CNJ) entrar em vigor, muito se fala na gestão adequada dos conflitos, mas pouco se discute sobre sua gestão inadequada. Ricardo Goretti define as três principais inadequações:

a) Desqualificação técnica dos gestores para lidar com a execução dos mais variados tipos de mecanismos de resolução e prevenção;

b) Não utilização do diagnóstico e mapeamento dos conflitos; e

c) Ausência de métodos racionais e de critérios objetivos (2019, p. 53).

Ora, se toda ação humana deve ser norteada por regras e critérios, para que seja prudente e justa (PERELMAN, 2005, p. 722), com mais razão deve o advogado, indispensável à administração da justiça, ter uma atuação pautada no conhecimento e na racionalidade dos métodos mais eficazes de resolução obtidos a partir do desenho do cenário de cada caso, afastando-se de metodologias intuitivas.

Para Idalberto Chiavenato, o conflito sempre apontará para problemas pré-existentes e traz, em sua solução, a prevenção, contenção e correção para a construção de soluções futuras (2014, p. 389). Ao contrário dessa perspectiva, a "cultura da sentença" ignora o fato de que todo quadro conflituoso apresenta suas particularidades fáticas, satisfazendo-se de medidas engessadas, genéricas e sem especificidade, dentro de um modelo mental contencioso, oposto ao *mindset* de crescimento (*mindset* fixo).

Isso reforça a expressão de Cândido Dinamarco: "[...] não se justifica mais a clássica postura metafísica consistente nas investigações conceituais destituídas de endereçamento teleológico" (2005, p. 39). Por outro lado, a via do consenso é um caminho que possibilita aos advogados atuarem em conjunto com seu cliente sobre a escolha clara e adequada da tomada de decisão (NASCIMENTO, 2021, p. 8), começando pelo procedimento e mecanismo que norteará o processo de resolução. Afere-se desta afirmação que desenhar soluções individuais é uma construção de protagonismo cruzado.

Em posse de algumas informações sobre a advocacia contemporânea consensual, neste momento, é possível afirmar que: esse tipo de advocacia requer habilidades mais arrojadas de seus atores, a fim de estarem aptos a customizar soluções individuais; até o processo de tomada de consciência, os advogados já desenvolveram um *mindset* de crescimento com criatividade e criticidade; e não existe metodologia definida para a construção de arranjos procedimentais que seja adequada a cada caso.

Em resposta ao vácuo metodológico, este estudo correlaciona dois formatos sistêmicos de desenhos de soluções legais para problemas jurídicos: o *design* de disputas cotidianas, um arranjo proveniente do *design* de sistema de disputas; e o *legal design*, para ser aplicado a qualquer caso corriqueiro. Esses métodos concentram esforços para adequar a forma como as disputas são resolvidas, buscando processos mais colaborativos, eficientes e justos.

Além de serem ferramentas não adversariais, seus princípios incluem oralidade, autonomia da vontade das partes, informalidade, boa-fé e flexibilidade de adaptar os processos conforme as necessidades e preferências das pessoas, em uma perspectiva de colaboração e incentivo à comunicação aberta e construtiva, buscando a compreensão das necessidades, preocupações e experiências das pessoas (OSTIA, 2014, p. 92).

O *design* de sistemas de disputas surgiu na década de 1980 para propor novos contornos de desenhos personalizados no ato de resolução de disputas e é fruto de estudos da escola de negociação de Harvard (McGOVERN, 2009, p. 171). Contudo, essa ferramenta, desde sua origem, costuma ser utilizada para soluções e demandas vultosas e não visa à preservação de relações continuadas, muito embora valorize procedimentos humanizados do início ao fim.

Para Diego Faleck, o processualista é um verdadeiro "alfaiate", que desenha processos sob medida e conceitua o *design* de sistemas de disputas como "[...] organização deliberada e intencional de procedimentos ou mecanismos, que interagem entre si, [...], para a construção de sistemas de prevenção, gerenciamento e resolução de disputas" (2018, p. 1). Para o autor existe um caminho, um verdadeiro passo a passo, para que os processos sejam resolvidos:

> Os processualistas devem estar atentos aos passos inexoráveis que a tarefa de desenhar sistemas de disputas requer: (i) iniciativa; (ii) diagnóstico da situação conflituosa; (iii) definições acerca de objetivos e variáveis intrínsecas do sistema; (iv) construção de sistema; (v) implementação e avaliação (FALECK, 2018, p. 3).

Inspirado nessas premissas, este estudo estabelece uma correlação do *design* de sistemas de disputas com o desenho de disputas que se dão no cotidiano das pessoas, aplicando seus fundamentos para selecionar, combinar e sequenciar mecanismos de gestão de conflitos. A finalidade é construir arranjos procedimentais, inovadores e criativos. Para tanto, criou-se uma sequência de oito etapas que se aplica bem aos casos de menores vultos, conforme ilustrado na Figura 1, na página ao lado.

Compreender as preocupações e experiências das pessoas é fundamental para criar soluções jurídicas eficazes. Isso envolve ouvir atentamente suas histórias, identificar seus pontos problemáticos e projetar soluções que atendam às suas necessidades. Nesse diapasão, para tornar seus desenhos mais arrojados, o advogado consensual lança mão do *legal design*, que, por sua vez, se responsabiliza por "decodificar" e simplificar as estruturas padrão de como as pessoas recebem as comunicações e informações legais.

Alinhada aos fundamentos e princípios do *design thinking*, o *legal design* é uma abordagem simples, estruturada e organizada de informações, centrada no usuário no campo do Direito. Essa ferramenta permite que o ad-

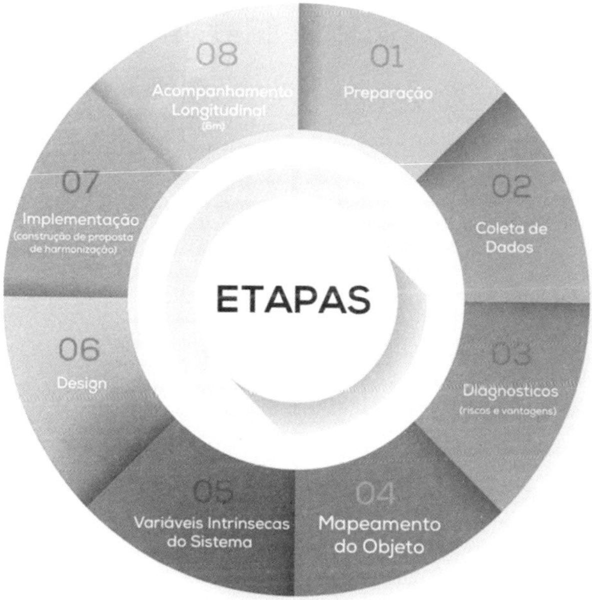

Figura 2 – Arranjo procedimental para resolução de conflitos
Fonte: Elaborada pela autora.

vogado traga o cliente para dentro da construção de maneira efetiva, além de aproximar todos os atores do caso e auxiliar no desenvolvimento de novas possibilidades, devolvendo a eles a opção de avaliar com clareza quais caminhos serão melhores para o seu futuro (NASCIMENTO, 2021, p. 11).

Melhorar o entendimento sobre um produto jurídico e simplificar o modo de resolver problemas é um ato revolucionário. É perfeitamente possível capacitar-se para ensinar as pessoas a entenderem seus direitos e responsabilidades de maneira mais eficaz (BROWN, 2008, p. 85). Desse modo, infográficos, imagens, quadros comparativos, esquemas e *softwares* trazem usabilidade de estratégias jurídicas nas seguintes etapas:

(i) Descoberta do problema;

(ii) Interpretação dos problemas e dores sob todas as óticas;

(iii) Ideação de como o problema deve ser resolvido;

(iv) Prototipação da materialização de resultados viáveis; e

(v) Evolução para verificar se o desenho construído resolve realmente o problema.

Conclusão

A cultura da sentença ignora o fato de que todo quadro conflituoso apresenta suas particularidades fáticas e jurídicas e sobrevive de medidas genéricas e sem especificidade alguma, falhando em atender às necessidades das partes envolvidas em um conflito, levando a resultados insatisfatórios e custosos. Nesse sentido, não é mais sustentável, no contexto contemporâneo, prevenir, gerir ou resolver dissensos apenas entregando todas as questões fáticas e legais ao Estado-juiz.

O advogado é responsável por intermediar e fazer o elo entre os conflitos e seus direcionamentos. Ao compreender que a advocacia tradicional coloca seus atores em uma zona de conforto com resultados ineficazes e sem critérios para avaliar a qualidade das respostas, esse profissional busca arranjos de soluções para resolver problemas e descobrir novas possibilidades.

Desenhos e documentos jurídicos, feitos para leigos, e não para juristas, são ferramentas fundamentais para impulsionar a inovação e a excelência na advocacia. Ao integrar as abordagens do *legal design* e *design* de disputas cotidianas, o advogado pode criar soluções jurídicas mais acessíveis, eficazes e centradas no cliente, promovendo uma justiça mais inclusiva e equitativa para todos.

Conclui-se, portanto, que a sustentabilidade do procedimento a ser construído é definida pela clareza do caminho. Por isso, ressalta-se a necessidade contínua de desenvolvimento profissional para aprimorar o plexo de habilidades estratégicas que, além de legais, sejam inovadoras, criativas e adaptáveis, alcançando assim resultados justos e satisfatórios aos interesses de seus clientes.

Referências bibliográficas

BROWN, Tim. Design thinking. *Harvard Business Review*, [Boston, MA], v. 86, n. 6, p. 84-92, June 2008. Disponível em: https://hbr.org/2008/06/design-thinking. Acesso em: 26 abr. 2024.

CALMON, Petrônio. *Fundamentos da mediação e da conciliação*. Rio de Janeiro: Forense, 2008.

CAPPELLETTI, Mauro; GARTH, Bryant. *Acesso à justiça*. Tradução: Ellen Gracie Northfleet. Porto Alegre: Fabris, 1988.

CHIAVENATO, Idalberto. *Gestão de pessoas:* o novo papel dos recursos humanos nas organizações. 4. ed. Barueri: Manole, 2014.

CONSELHO NACIONAL DE JUSTIÇA (Brasil). *Resolução nº 125*, de 29 de novembro de 2010. Dispõe sobre a Política Judiciária Nacional de tratamento adequado dos conflitos de interesses no âmbito do Poder Judiciário e dá outras providências. Brasília, DF: CNJ, [2021]. Disponível em: https://atos.cnj.jus.br/atos/detalhar/156. Acesso em: 26 abr. 2024.

DINAMARCO, Cândido Rangel. *A instrumentalidade do processo*. 12. ed. São Paulo: Malheiros, 2005.

DWECK, Carol S. *Mindset: a nova psicologia do sucesso*. Tradução: S. Duarte. São Paulo: Objetiva, 2017.

FALECK, Diego. *Manual de design de sistemas de disputas:* criação de estratégias e processos eficazes para tratar conflitos. Rio de Janeiro: Lumen Juris, 2018.

GORETTI, Ricardo. *Gestão adequada de conflitos:* do diagnóstico à escolha do método para cada caso concreto. Salvador: JusPodivm, 2019.

GORETTI, Ricardo. *Mediação e acesso à justiça*. Salvador: JusPodivm, 2016.

McGOVERN, Francis E. Dispute Systems Design: The United Nations Compensation Commission. *Harvard Negotiation Law Review*. Cambridge, MA: PON. Vol. 14, p.171-189, Winter 2009.

NASCIMENTO, Dulce. *A extinção da advocacia como você conhece*. Belo Horizonte: Autora, 2021. E-book.

OSTIA, Paulo Henrique Raiol. *Desenho de sistema de solução de conflito: sistemas indenizatórios em interesses individuais homogêneos*. 2014. Dissertação (Mestrado em Direito) – Faculdade de Direito, Universidade de São Paulo, São Paulo, 2014. Disponível em: https://www.teses.usp.br/teses/disponiveis/2/2137/tde-11022015-081205/pt-br.php. Acesso em: 26 abr. 2024.

PERELMAN, Chaïm. *Ética e direito*. Tradução: Maria Ermantina de Almeida Prado Galvão. São Paulo: Martins Fontes, 2005.

WATANABE, Kazuo. Mediação como política pública social e judiciária. *Revista do Advogado*, São Paulo, ano 34, n. 123, p. 35-39, ago. 2014. Disponível em: https://aplicacao.aasp.org.br/aasp/servicos/revista_advogado/paginaveis/123/index.html. Acesso em: 26 abr. 2024.

Habilidade da comunicação na advocacia (para decifrar a bola de cristal)

Gabriela Pisani Medina

> "Le silence éternel de ses espaces infinis m'effrare".
> (Carlos Drummond de Andrade)

Neste artigo serão abordadas ferramentas para o desenvolvimento de habilidades relacionais exigidas pelo mercado de trabalho; uma urgência e realidade para que o trabalhador moderno se destaque, se afirme profissionalmente.

Pesquisa elaborada pelo Fórum Econômico Mundial em 2023[35] indicou que a automação vai alterar a dinâmica das relações de trabalho, reduzindo pela metade a oferta de emprego e exigindo novas habilidades para a manutenção dos existentes e para a criação de novas oportunidades.

Nesse cenário, que se orienta a partir de 2027, a inteligência artificial é uma realidade. Ainda que impacte em menor escala nas relações privadas e dos profissionais liberais, quando comparadas com a indústria de maquinário pesado, economistas reunidos no Fórum Mundial de Davos em 2023 apontaram para os riscos da redução da oferta de empregos em diferentes áreas, que incluem, não exaustivamente, os serviços, área médica, energia, logística e comunicação. Esses mesmos economistas afirmam não vislumbrar um impacto positivo para os empregos nas economias em desenvolvi-

35. World Economic Forum Annual Meeting. Disponível em: < https://www.weforum.org/agenda/2024/02/work-and-workplace-trends-to-watch-2024/#5.-skills-will-become-even-more-important>. Acesso em: 13 mai. 2024.

mento com o incremento das novas tecnologias, em especial a inteligência artificial.

No entanto, o relatório não ventila apenas más notícias. Um dos pontos que merecem destaque é a constatação de que o risco não é perder o emprego para uma inteligência artificial, mas para um profissional que se beneficie do uso da IA. Assim, desenvolver habilidades e receber treinamento relacionados ao funcionamento da inteligência artificial alteram o equilíbrio de forças quando o assunto é emprego.

Para mitigar ou fazer frente à influência da automação nos ambientes de trabalho, é interessante a análise do estudo elaborado pelo Centro de Ensino e Pesquisa em Inovação (CEPI): *Formando a advocacia do presente e do futuro: habilidades e perspectivas de atuação* esquematizou competências e habilidades exigidas do advogado do futuro, divididas nos segmentos competência jurídica, competências de gestão relacionadas à tomada de decisão, competências tecnológicas e competências socioemocionais.

O mapa apontou 69 habilidades diferentes, que, ao contrário de pretender que todo profissional do Direito desenvolva cada uma, propõe a escolha individual daquelas que se alinhem com as expectativas profissionais[36]: motivação e auto-organização; relacionamento interpessoal; resolução de conflitos e problemas; inteligência emocional; comunicação, inovação; ética.

A análise do gráfico da página ao lado permite a afirmação de que há um denominador comum a todos os subgrupos: o silêncio. Nas próximas páginas, será apontada a importância da localização interna do silêncio como elemento essencial para o desenvolvimento da escuta e, consequentemente, da comunicação eficiente. Aprender a trabalhar e identificar o si-

---

36. CEPI FGV Direito SP. *Formando a advocacia do presente e do futuro: habilidades e perspectivas de atuação: destaques e tendências* / Centro de Ensino e Pesquisa em Inovação. São Paulo: CEPI FGV Direito SP, 2023. Disponível em: https://repositorio.fgv.br/server/api/core/bitstreams/81218e46-931f-4290-a8ac-3b4706af6ff6/content. Acesso em: 13 mai. 2024.

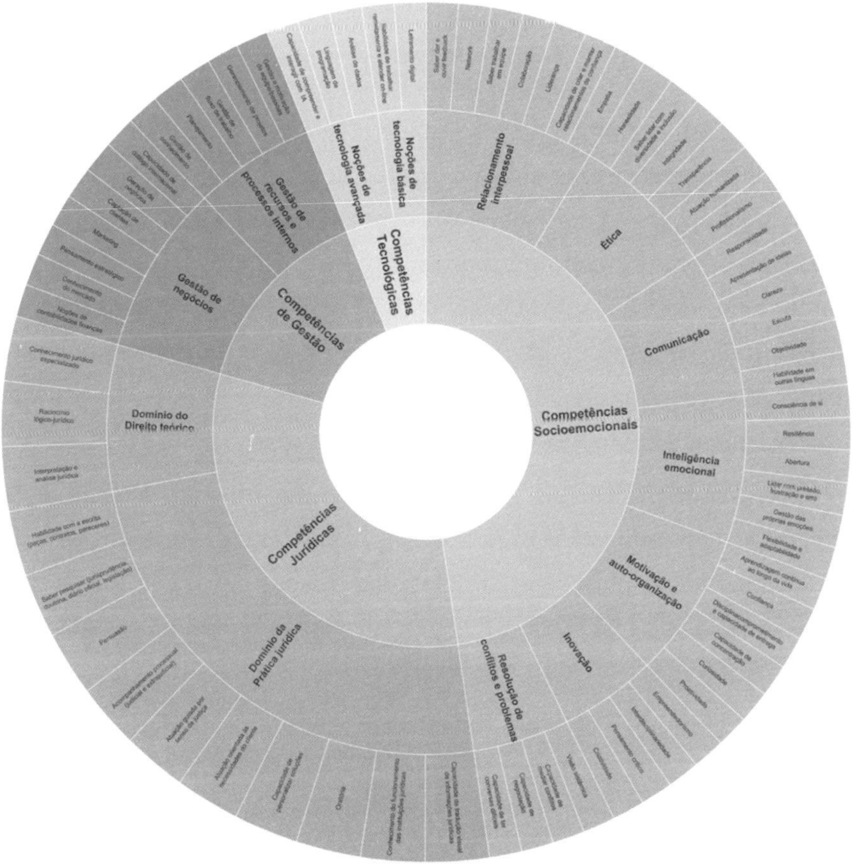

Figura 3 – Reprodução, em preto e branco, de CEPI FGV Direito SP. *Formando a advocacia do presente e do futuro: habilidades e perspectivas de atuação: destaques e tendências* / Centro de Ensino e Pesquisa em Inovação. São Paulo: CEPI FGV Direito SP, 2023, p. 53, podendo ser acessada em https://repositorio.fgv.br/server/api/core/bitstreams/81218e46-931f-4290-a8ac-3b4706af6ff6/content.

lêncio pode destrancar as demais habilidades apontadas, seja pelo Fórum Econômico de Davos, seja pela pesquisa da CEPI para que o profissional moderno não perca a corrida do futuro.

Sobre o silêncio

Há muito defendo o silêncio como fundação da arte da escuta porque, desde a gestação, somos treinados a falar e, quando as primeiras palavras nos encontram, não as paramos mais. Até que, primeiro os pais, depois as professoras, depois o cotidiano, nos exigem silêncio. O silêncio para ficar quieta, para "prestar atenção no quadro", para fazer o dever de casa, para estudar para o vestibular, o silêncio para ouvir o chefe, o silêncio até para escutar nossos clientes. É um conflito interno sair do "fala com a mamãe", quando nos encontramos dentro do ventre materno, para o "fica quieta, menina", quando começamos a explorar o mundo.

Encontrar esse silêncio é parte do trabalho do autoconhecimento e da autogestão de sentimentos tão necessários para o bom desenvolvimento de qualquer atividade, mas, especialmente, daquela que tem o relacionamento com o outro como objeto. Esse lugar de silêncio é o ponto de partida para outras habilidades: a escuta e a comunicação, especialmente.

O silêncio permite conexão respeitosa e verdadeira comigo, com o outro e com todos. Provoca uma modificação em mim, que reflete no relacionamento com o outro. Nesse sentido, em um ambiente profissional, é premente a necessidade de se observar como trabalhar e aprimorar as habilidades de comunicação e escuta para alcançar melhores resultados. No entanto, sem identificar o lugar de silêncio, o trabalho fica árido.

Há duas autoras que trabalham esse lugar de silêncio de formas distintas. A jornalista Petria Chaves investiga quando começa a escuta e quem é esse professor. Segundo um de seus entrevistados, o psicoterapeuta Leo Fraiman, a escuta começa antes da infância: "a escuta começa na ideia que temos da infância" (CHAVES, 2023, p. 27). E a sociedade é barulhenta e ruidosa, sempre falando, pedindo, querendo. Se retorno à infância, qual lembrança me vem à mente? Ruídos de televisão, liquidificador, latidos misturados formam a memória que norteia o crescer, uma vida adulta de barulhos internos e externos.

Já Nastassja Martin, antropóloga francesa que estuda o povo even, na península de Kamtchátka, na Sibéria, narra, em determinado trecho de seu livro, o desconforto que sente ao caminhar ao lado de amigos, por quem nutre grande afeto:

> Fico irritada por dentro. Enrolo a corda às pressas e me liberto deles por fim, me despeço, que alegria, que leveza. Eu me recuso a caminhar ao lado deles, talvez porque sejam lentos demais e porque suas conversas não me interessaram, mas sobretudo porque quero poder me perder em meus pensamentos. (2021, p. 43)

A autora vasculha suas memórias anteriores ao ataque que sofre de um urso, e revê seus pensamentos, então, raivosos, quando caminhava pelo planalto ao lado de Lanna e Nikolai. Naquele momento, a inquietação interna era tamanha que todos os comentários e expressões verbais dos amigos pareciam flechas a ferir seu peito. Ela precisava se libertar deles. O barulho era insustentável.

Os dois exemplos ilustram o argumento principal deste artigo: a necessidade de se encontrar o silêncio. E esse silêncio não é externo: não basta desligar todos os equipamentos eletrônicos, se afastar da televisão, cerrar portas e janelas; o barulho interno contínuo interdita a escuta tanto do pensamento, quanto do outro.

O silêncio, primeiro, tem que ser interno. Não importa onde eu esteja, há que se fazer silêncio dentro de mim, que me permita apreender o entorno. Julia Cameron sugere alguns exercícios para trabalhar a escuta, mas prefiro propor essas atividades para trabalhar o silêncio. Entre elas, a autora de *A arte da escuta* recomenda ao leitor que caminhe diariamente, busque identificar os diferentes sons existentes no percurso, perceba e absorva o que está ao redor e, ao chegar em casa, anote uma das coisas que tenha visto durante o passeio.

> Quando caminhamos, nos harmonizamos com o ritmo dos pensamentos. Ouvimos as palavras e as emoções por trás dela, e, assim, nos tornamos íntimos. É difícil mentir andando. Cada pisada engaja nossa atenção. Cada pisada engaja nossa respiração. Percebemos que dizemos o indizível. Escutamos o que falamos e nos perguntamos: "Estou dizendo a verdade?" Se estamos andando, a resposta tende a ser sim. (2022, p. 38)

William Ury, autor de *Como chegar ao sim*, em entrevista ao *podcast* de Gabby Reece[37] lembra que o homem é fruto do caminhar, e andar é incompatível com brigar. O movimento oxigena o cérebro, e foi essencial para a evolução humana. Assim, Julia Cameron oferece uma ferramenta para evoluir. A evolução por meio do autoconhecimento, a partir do lugar do silêncio interno. De fato, o silêncio é parte essencial da comunicação, que é complementada pela escuta. Todas se complementam. O silêncio permite uma escuta apurada, que leva à comunicação assertiva e compreensiva.

O exercício cotidiano de encontrar o silêncio é solitário, mas orienta o leque de percepções internas e externas, que se tornam grandes aliadas da escuta. Quando encontro o meu silêncio, o barulho externo deixa de ser obstáculo. Quando encontro meu silêncio, reconheço as minhas emoções, o que me move para determinada direção, o que me causa desconforto; aprendo a gerenciar as marés internas e, quando desembarco, encontro uma praia convidativa.

E, reconhecendo emoções, consigo elaborar de melhor forma o meu processo decisório. Humberto Maturana diz que a emoção, especialmente, o amor, está por trás da "orientação da coordenação consensual de coordenações", que leva à recursão.

---

37. Disponível em: https://www.youtube.com/watch?app=desktop&v=2-uXSAxcrfI. Acesso em 13 mai. 2024.

> Para que se dê essa história de interações recorrentes tem que haver uma emoção, quer dizer, uma disposição estrutural inicial que torna possível a recorrência de interações. (2014, p. 90)

Quer dizer: emoção é utilizada para a conexão indispensável em qualquer relação profissional; emoção que só se reconhece, se escuta e se aprende a gerir com o silêncio.

Para ilustrar a importância do reconhecimento da emoção, Daniel Goleman alerta que "em qualquer emoção está implícita uma propensão para um agir imediato" (2012, p. 32), e cada emoção, além de desempenhar função determinada, prepara o corpo para uma resposta certa. Quando enfrento a raiva, meu sangue "ferve", flui para as extremidades do meu corpo, o ritmo cardíaco acelera. Quando sinto amor, há, segundo os estudos analisados pelo autor, um estímulo parassimpático que leva a um conjunto de reações que percorrem todo o meu corpo, "provocando um estado geral de calma e satisfação, facilitando a cooperação" (GOLEMAN, 2012, p. 33).

Portanto, a emoção é um disparador de ações que demanda estudo, reflexão e domínio. Porque, uma vez que ela se assenhora de mim, a reação pode ser desproporcional ao fato experenciado.

Veja-se a raiva. Segundo Goleman, o disparador universal da raiva é a sensação de perigo. Sensação que não precisa refletir perigo físico direto, mas uma ameaça simbólica à autoestima, à dignidade, ao tratamento injusto, grosseria, humilhação (GOLEMAN, 2012, p. 84). Das várias formas de ameaça a que o profissional moderno é exposto, a autoestima é uma fraqueza especialmente para aquele que procura mudança, porque a alteração de padrão pode causar desconforto no cliente, que, também, precisa se adequar a essa realidade.

Os relacionamentos profissionais são calcados em padrões e hábitos, sedimentados a partir do conhecimento adquirido. O advogado é o profissional do saber, ele sabe a lei, sabe a jurisprudência, sabe para que lado as decisões pendem em certo tribunal.

É um consenso que, para se superar as máquinas, o advogado deve desenvolver as chamadas *soft skills*, habilidades que fogem do lugar do conhecimento técnico. Afinal, a máquina pode aprender de forma mais rápida o teor de determinada legislação, apontar a jurisprudência dominante de certo tribunal e, ainda, desenvolver peças processuais a partir de informações técnicas. No entanto, ela não consegue, ainda, expressar emoções, tomar decisões a partir da leitura corporal do outro, compreender o que o outro está comunicando a partir do tom da sua voz.

Desta forma, para o profissional moderno se destacar, ele precisa reconhecer que as mudanças exigidas não atingem sua autoestima, não desqualificam seu saber, e depende desse equilíbrio emocional para, quando contestado, afastar a leitura de perigo e impedir que a raiva se assenhore de suas ações.

Identificar emoções, por meio do silêncio, autoriza o aprimoramento da escuta, consequentemente das perguntas formuladas ao cliente para a compreensão dos interesses e necessidades do caso concreto.

Dentre as cinco emoções básicas (raiva, nojo, amor, tristeza, alegria), o amor, segundo Maturana, é a que nutre e desenvolve todas as relações humanas. É fundamental porque "o social é uma dinâmica de relações humanas que se funda na aceitação mútua" (2014, p. 47).

A partir da emoção, em especial do amor, são despertados espaços de ação e de mudanças. A mudança inicial é interna, exige reconhecimento e identificação da emoção, como ela age e se entrelaça às ações. A partir desse autoconhecimento, é desenvolvido um repertório linguístico, fundado na emoção, que permite a transformação pessoal e do outro:

> a linguagem relaciona-se com as ações e com a transformação corporal; e que não dá no mesmo dizer uma coisa ou outra, porque o corpo muda de maneira distinta. (MATURANA, 2014, p. 70)

E, então, é viabilizada a escuta e a comunicação com o outro.

A partir do momento em que são identificados barulhos externos, para que deixem de interferir negativamente no processo decisório individual, é preciso partir do reconhecimento das próprias emoções para inaugurar o espaço de escuta do outro.

Tal qualidade é essencial, seja no mediador de conflitos ou no advogado. Todo profissional que desempenha sua atividade relacionando-se com o outro, em alguma medida, também passa a compreender os limites e conflitos do outro.

Sobre a escuta

A escuta, portanto, é o segundo elemento, ou o avesso do avesso do silêncio. Muito se fala em escuta qualificada, ativa; eu gosto de escuta apaixonada, porque a paixão é um estado emocional que desperta enorme interesse no outro. Proponho uma visita íntima aos relacionamentos vividos por cada um: quando se está apaixonado, tudo o que o outro fala é interessante, tem cheiro, cor, sabor. Todos os sentidos ficam alertas para captar cada instante daquela conversa, para compreender os detalhes, e poder fazer parte.

Essa é a escuta que se espera de um profissional moderno: que ele se interesse, que tenha curiosidade pela história do outro, que preste atenção, que busque compreender quem é aquela pessoa e o que a história contada representa, qual o contexto, origem, cultura, crenças.

Isso porque o ato de escuta é acolhimento. As pessoas precisam de reconhecimento, a partir de seus próprios contextos. Desta forma, ao escutar com atenção, o profissional moderno oferece um lugar para aquela história, valida a sua importância e, então, pode iniciar o processo de tomada de decisão de forma consciente.

Escutar de forma apaixonada, ou como se queira chamar, exige foco, interesse e paciência. O esforço de aprimorar a escuta importa em exercício intelectual contínuo, tão importante para o profissional moderno quanto o treino físico para o atleta. O profissional que seleciona a informação dentre tantas tem de estar atento para dialogar com o que é dito. Esses são deveres de seu cotidiano porque, uma vez estabelecida relação tácita de confiança entre o cliente e o profissional escolhido, surge a responsabilidade com a história então contada.

A autora norte-americana Julia Cameron (2022) aponta no sentido de que a escuta deve ser focada no que é dito, que o interlocutor deve demonstrar interesse pelo que é falado, e que aquele que escuta deve ser paciente.

O trabalho de focar não é o mesmo que direcionar a conversa para uma agenda de interesse pessoal. O que é oferecido é o trabalhado. Portanto, ter foco é a habilidade de evitar desvios no próprio pensamento, impedindo que o ouvido faça conexões divagantes.

O interesse tem dois aspectos: ao mesmo tempo em que se demonstra interesse pelo que é dito, há reconhecimento e validação de quem o diz. A história contada permite trazer aquela pessoa para um lugar de acolhimento e de conforto, onde a sua voz é escutada.

E a paciência importa em observar e respeitar o tempo do outro. A velocidade de fala, a pausa, o silêncio... O advogado ou mediador precisam saber não interromper, não sucumbir à ânsia de preencher com palavras a frase que está a ponto de ser concluída; de encerrar argumentos como se seus fossem. Devem estar sempre atentos de que a história não é sua, que a dor não é sua, logo não é possível tomar para si a narrativa.

E, a partir da escuta, o conflito fica delimitado; e o profissional consegue identificar possíveis soluções, auxiliando de forma ótima o seu cliente.

Sobre a comunicação

Os dois elementos anteriores, uma vez trabalhados e treinados, permitem o estabelecimento de conexão de qualidade com o interlocutor. Uma das formas de comunicação é a verbal. As palavras são escolhidas de modo que façam sentido com o que se pretende dizer, e esse sentido, segundo Dominic Barter, é uma via de mão dupla. Há que se falar para que o outro escute e compreenda o sentido contido nas palavras.

No *podcast* Zencast (20 de outubro de 2020), o especialista em comunicação não violenta ilustra a dificuldade que os seres humanos têm em se comunicar com os códigos verbais eleitos pela indústria de aviação. Segundo Barter, um avião, ao se aproximar da torre de comando, identifica o número da aeronave pilotada e requer autorização para pouso. A torre responde: "aterrisagem permitida. Pista 10".

Veja-se: foi estabelecido um dicionário de códigos que evita um sem-número de acidentes aéreos porque, se cada piloto fosse escolher as suas próprias palavras, a aterrisagem ficaria sujeita a interpretações. E a subjetividade desperta dúvidas.

Por isso, para a comunicação não violenta, aquele que fala é tão responsável pela emissão, quanto pela recepção. Logo, o profissional moderno, ao estabelecer uma conexão dialógica com o cliente, deve transmitir suas ideias de forma que seja compreendido.

A ausência ou mitigação de ruídos na comunicação facilita a composição dos interesses na relação. Em ambiente profissional, zelar pelo que se fala e pelo modo como se fala é cuidar do bem-estar coletivo.

Todas as relações profissionais exigem, para a manutenção do que ficou conhecido como Teoria dos Sistemas, a elaboração de *feedbacks*. O retorno, a crítica ao que foi dito ou apresentado são um desafio enorme nas relações profissionais, tanto no que diz respeito a elaborar o comentário, quanto a receber uma avaliação.

Goleman afirma que a crítica deve ser hábil, no sentido de ser capaz de se concentrar no que a pessoa faz e no que pode fazer. Ao elaborar um comentário a respeito de um trabalho apresentado por um par ou um colega hierarquicamente inferior ou, ainda, pelo cliente, o profissional deve se concentrar "nos detalhes do que a pessoa fez bem, o que fez mal, dando-lhe a oportunidade de mudar" (GOLEMAN, 2012, p. 173). A orientação, de acordo com o referido autor, deve se dar no sentido de que a crítica ofereça uma solução e seja feita de modo pessoal, direto e sensível, trabalhando a empatia.

No plano pessoal, também é possível evitar a espiral do conflito. Há uma história muito divertida que a minha mãe conta, ocorrida durante a primeira infância de minha filha. Ela foi levada pela avó, minha mãe, ao acupunturista, que fez a anamnese de praxe e, entre as perguntas, questionou minha filha sobre a sua rotina alimentar. A resposta foi impregnada da sinceridade peculiar de uma criança de cinco anos: "a minha vó só me dá feijão!".

A avó, muito desconcertada, não conseguiu explicar ao médico que não ofertava apenas feijão à neta, mas que tinha o cuidado de educar o paladar com feijão de cores variadas, preto, vermelho, fradinho, branco, rajado, um para cada dia da semana. Com a sabedoria que só as avós têm, não desmentiu a neta porque, de fato, ela comia feijão todos os dias, mas de cores e sabores diferentes. Mas, para a neta, "era só feijão!".

Essa experiência exemplifica a dificuldade do ser humano em comunicar e, quando não há habilidades necessárias para controlar a emoção, desencadeia-se o conflito manifesto, que muitas vezes, pode levar a uma espiral. A avó poderia ter contra-argumentado, mas o resultado poderia não alcançar o objetivo, porque no saber infantil só tinha feijão de almoço. Assim, silenciou-se, conformando-se naquele momento para, hoje, poder contar essa história ludicamente. O fato é que, a despeito de ser feijão e de cores variadas, era sempre feijão. A intenção da emissora não foi percebida pela receptora.

O mesmo acontece quando há a utilização de jargões técnicos e expressões em outro idioma. O profissional, ao contrário da sabedoria avoenga, engana-se ao acreditar que eruditismo é sinônimo de conhecimento. Um diálogo cheio de termos jurídicos, palavras em latim ou em inglês com alguém que não atue na mesma área inviabiliza a conexão, e implica ausência de empatia.

Nesse sentido, a escolha pela linguagem diafásica ou diastrática é mais de que intuitiva: importa no reconhecimento do outro, do lugar que ele ocupa, de onde ele vem, qual o contexto da sua história. É a valorização do estabelecimento de uma relação respeitosa com o cliente, sem que cause desconforto a nenhum dos envolvidos e, tampouco, haja perda do protagonismo profissional.

Reconhecer que o interlocutor desconhece o conteúdo de determinada jurisprudência, selecionar palavras de uso corriqueiro, confirmar que foi compreendido facilitam a comunicação. E, especialmente, no cotidiano moderno, em que, como visto, a tecnologia ocupa lugar de destaque, é primordial saber comunicar-se de forma efetiva.

> Conseguir se comunicar com empatia, e em especial exercer empatia na comunicação e interação, possibilita a criação de conexão entre sujeitos, por meio de uma efetiva e genuína valorização sobre a existência de diferentes percepções e compreensões da mesma si-

> tuação, impactando desta forma na construção de soluções otimizadas, com respeito pela manutenção de relações e relacionamentos, independentemente do grau de proximidade ou intimidade. (VALDERATO, 2023, p. 272)

Conclusão

Aprender a desenvolver as habilidades elencadas, orientando-as para as necessidades particulares e individuais, tende a incrementar a qualificação profissional.

> os líderes da era quântica necessitam urgentemente agregar às competências tradicionais de planejamento, organização e controle um conjunto de novas habilidades e atitudes que possam ajudá-los em seus papéis como líderes de pessoas num cenário em transição – habilidades que os levarão a saber gerenciar o invisível, as incertezas, as complexidades de sua gente e dos desafios, e a rapidez dos tempos atuais nas empresas. (ABRANTES, 2011, p. 127)

Os profissionais, do Direito ou não, que atentarem para os ganhos individuais e coletivos que as habilidades socioemocionais trazem às suas atividades construirão um futuro promissor para suas carreiras. Para além do conhecimento técnico, as *soft skills* permitem aliar potenciais e talentos individuais na prestação de serviço humanizado e respeitoso, identificando as necessidades das pessoas envolvidas e indicando a melhor solução para o caso concreto.

Referências

ABRANTES, Ana. *Conexão Coração*. Rio de Janeiro: Mauad X, 2011.

CAMERON, Julia. *A arte da escuta*. Rio de Janeiro: Sextante, 2022.

CEPI FGV Direito SP. *Formando a advocacia do presente e do futuro: habilidades e perspectivas de atuação: destaques e tendências* / Centro de Ensino e Pesquisa em Inovação. São Paulo: CEPI FGV Direito SP, 2023.

CHAVES, Petria. *Escute o seu silêncio:* como a arte da escuta nos torna melhores profissionais, pais mais presentes e pessoas mais interessantes. São Paulo: Academia, 2023.

GABBY REECE SHOW: Mastering Conflict Resolution: Insights from Negotiation Expert. Entrevistado: William Ury. Entrevistadora: Gaby Reece. [S. l.], 04 mar. 2024. *Podcast*. Disponível em: https://www.youtube.com/watch?app=desktop&v=-2-uXSAxcrfI. Acesso em: 13 mai. 2014.

GOLEMAN, Daniel. *Inteligência emocional:* a teoria revolucionária que redefine o que é ser inteligente. 2. ed. Rio de Janeiro: Objetiva, 2023.

MARTIN, Nastassja. *Escute as feras.* São Paulo: 34, 2023.

MATURANA, Humberto. *Cognição, ciência, e vida cotidiana.* Belo Horizonte: Ed. UFMG, 2014.

VALDERATO, Liana Gorberg. Advocacia na mediação. *In*: ALMEIDA, Tânia (org.). *Caixa de Ferramentas na mediação II:* novos aportes. São Paulo: Dash, 2023.

WORLD ECONOMIC FORUM. *6 work and workplace trends to watch in 2024.* Disponível em: < https://www.weforum.org/agenda/2024/02/work-and-workplace-trends-to-watch-2024/#5.-skills-will-become-even-more-important>. Acesso em: 13 mai. 2024.

ZENCAST. Episódio 20 de outubro 2020. Disponível em: < https://open.spotify.com/episode/7hlgm4CStQqroCJCDapHZk?si=Hj2KjJECRuee3FDHf1Bmrg>. Acesso em: 28 out. 2024.

Persuasão: a habilidade de influenciar

Grasielle dos Reis Rodrigues Mello

Introdução

A persuasão é uma habilidade sofisticada e essencial, fundamental para a comunicação eficaz e o sucesso em diversas áreas da vida pessoal e profissional. Desde tempos antigos, quando oradores gregos e romanos como Aristóteles e Cícero desenvolviam as bases da retórica, até os dias atuais, quando técnicas de persuasão são empregadas em marketing digital e campanhas políticas, a capacidade de influenciar atitudes, crenças e comportamentos continua a ser um tema central no estudo das interações humanas.

No mundo contemporâneo, no qual a comunicação se dá em velocidade e volume sem precedentes, compreender e dominar a arte da persuasão se torna ainda mais crucial. Profissionais de todas as áreas – de líderes empresariais a advogados, mediadores de conflitos e especialistas em marketing – encontram na persuasão uma ferramenta indispensável para alcançar seus objetivos. A persuasão eficaz, no entanto, não é meramente sobre convencer alguém a aceitar um ponto de vista; trata-se de uma comunicação honesta, ética e respeitosa que valoriza a autonomia e a dignidade do outro.

Elementos essenciais da persuasão

Para entender a persuasão, é importante explorar seus fundamentos, que incluem o entendimento do público-alvo, a clareza da mensagem, a credibilidade do comunicador, o apelo emocional, o uso de contraste e comparação, e as técnicas de reciprocidade e escassez.

A persuasão eficaz começa com um entendimento profundo de quem está sendo persuadido. Conhecer as crenças, os valores, necessidades e motivações do público é crucial para moldar a mensagem de maneira que ressoe com ele. Isso envolve pesquisas detalhadas, escuta ativa e uma análise minuciosa do comportamento e das preferências do público-alvo. Ao entender o que move as pessoas, o comunicador pode ajustar sua abordagem para maximizar o impacto.

Além disso, uma mensagem clara e bem estruturada é vital para a persuasão. Isto envolve a apresentação de ideias de forma lógica e coerente, facilitando o seu entendimento e a sua aceitação. A clareza inclui não apenas a escolha das palavras, mas também a estrutura e a forma como as informações são apresentadas. Uma comunicação eficaz utiliza linguagem simples, evita jargões desnecessários e organiza as ideias de maneira que o público possa seguir facilmente.

A confiança no comunicador também aumenta a eficácia da persuasão. Isso pode ser estabelecido através de demonstração de conhecimento no assunto, experiência relevante ou alinhamento com valores éticos. A credibilidade é construída ao longo do tempo e pode ser reforçada por meio de evidências concretas, testemunhos de terceiros e uma postura ética e transparente. Um comunicador confiável é mais persuasivo porque o público acredita que ele ou ela têm o melhor interesse em mente.

Emoções desempenham um papel central na persuasão. Apelar para emoções como medo, felicidade, orgulho ou justiça pode motivar uma resposta mais profunda do que meros argumentos racionais. O apelo emocional deve ser genuíno e alinhado com a mensagem principal, evitando manipulação emocional. Histórias pessoais, exemplos reais e linguagem emocionalmente carregada podem ajudar a conectar a mensagem ao público em um nível mais profundo.

Mostrar contrastes claros entre o *status quo* e a proposta, ou entre diferentes opções, pode destacar os benefícios e a atratividade da posição que se deseja promover. Comparações ajudam a contextualizar a mensagem e a tornar os benefícios mais evidentes. Por exemplo, ao comparar um produto com seus concorrentes, um vendedor pode destacar as vantagens exclusivas e justificar a escolha.

Técnicas como oferecer algo primeiro (reciprocidade) ou destacar a limitação de tempo ou disponibilidade (escassez) podem aumentar a persuasão, pois criam uma sensação de urgência ou dívida. A reciprocidade é baseada na norma social de retribuição, com a qual as pessoas se sentem compelidas a devolver favores. A escassez, por outro lado, aumenta o valor percebido de algo que é limitado ou raro, incentivando decisões rápidas.

Ética na persuasão

A ética na persuasão é fundamental. Embora a habilidade de persuadir possa ser poderosa, seu uso requer responsabilidade. É importante que a persuasão não manipule ou engane o público. Em vez disso, deve-se buscar o consenso e a aceitação através da apresentação honesta e respeitosa das informações. A prática ética da persuasão envolve transparência, respeito pela autonomia do outro e o compromisso com a verdade.

Na prática, a linha entre persuasão e manipulação pode às vezes parecer tênue, especialmente em campos como marketing e política, em que as técnicas de influência são intensamente aplicadas.

É crucial manter altos padrões éticos e questionar continuamente as próprias intenções e os métodos para garantir que a influência exercida seja justa, transparente e respeitosa. Em última análise, enquanto a persuasão enriquece e empodera, a manipulação explora e enfraquece.

Persuasão *versus* manipulação

A distinção entre persuasão e manipulação é essencial para praticar a influência de maneira ética. Persuasão é o processo de convencer alguém a fazer, acreditar ou aceitar algo através de argumentos racionais, lógicos e, muitas vezes, emocionais. É uma técnica baseada no respeito mútuo e na comunicação aberta. O persuasor apresenta suas ideias e seus argumentos de forma transparente, permitindo que o receptor faça uma escolha informada e livre. O objetivo da persuasão é alcançar um acordo ou mudança de opinião mantendo a integridade e a autonomia do indivíduo.

Por outro lado, a manipulação envolve influenciar alguém de maneira desonesta ou injusta, muitas vezes sem o conhecimento completo do manipulado. Os manipuladores podem usar informações falsas, ocultar fatos importantes, exagerar ou explorar as fraquezas emocionais do outro para atingir seus próprios objetivos. O foco está no benefício do manipulador, frequentemente às custas do outro. A manipulação pode levar a decisões que não são do melhor interesse da pessoa influenciada e pode danificar a confiança e as relações a longo prazo.

Aplicações operacionais da persuasão

A habilidade de persuasão é uma das *soft skills* mais valiosas em profissões que exigem interação frequente e significativa com pessoas. Ela não apenas facilita a comunicação e a resolução de conflitos, mas também pode ser fundamental para liderar equipes e defender causas ou clientes em contextos legais.

Vamos explorar como a persuasão pode ser aplicada em três profissões específicas: mediador de conflitos, líder e advogado.

A mediação de conflitos é um processo que visa resolver disputas entre duas ou mais partes de maneira amistosa. A persuasão aqui é usada para encorajar as partes a considerarem soluções alternativas e a entenderem os benefícios de chegar a um acordo.

O mediador utiliza persuasão ao fomentar a empatia, encorajar as partes a verem a situação do ponto de vista do outro, apresentar benefícios mútuos, destacando como um acordo pode ser vantajoso para todos os envolvidos, e reduzir resistências, ajudando as partes a superarem desconfianças e hesitações ao demonstrar imparcialidade e garantindo que todas as vozes sejam ouvidas.

Em liderança, a persuasão é essencial para mobilizar uma equipe, implementar novas estratégias e manter o moral alto. Um líder eficaz usa persuasão para estabelecer visão, convencer a equipe da importância e viabilidade de metas comuns, impulsionar a ação, motivar a equipe a agir em direção aos objetivos estabelecidos e gerenciar mudanças, facilitando a aceitação destas através da comunicação clara.

A persuasão é uma ferramenta chave na advocacia, usada tanto em negociações quanto em litígios. Um advogado precisa ser persuasivo ao argumentar casos, convencer juízes e jurados da validade de seus argumentos, utilizando uma combinação de evidências factuais, interpretação legal e apelos emocionais, negociar acordos, persuadir a parte oposta dos benefícios de um acordo negociado, muitas vezes destacando riscos legais e financeiros de continuar com a disputa, e construir credibilidade, estabelecendo confiança com o cliente, a corte e oposição.

Em todas essas profissões, a aplicação efetiva da persuasão depende de algumas competências chave:

- Escuta ativa: compreender verdadeiramente as preocupações e necessidades das outras pessoas;
- Comunicação clara e adaptativa: ajustar o estilo de comunicação para atender às necessidades do público-alvo;
- Empatia e respeito: reconhecer e validar as emoções e posições das outras pessoas, promovendo um ambiente de respeito mútuo;
- Raciocínio lógico e apelos emocionais equilibrados: usar uma mistura de dados concretos e apelos humanos para formar argumentos convincentes.

Dominar a persuasão em qualquer dessas carreiras envolve prática contínua, uma compreensão profunda da natureza humana e um compromisso com a ética e integridade.

Fundamentos teóricos da persuasão

Para aprofundar a compreensão da persuasão, é essencial explorar algumas das teorias que fundamentam essa habilidade. A teoria da consistência cognitiva sugere que as pessoas são motivadas a manter consistência entre suas crenças, suas atitudes e seus comportamentos.

Quando ocorre inconsistência, as pessoas experimentam desconforto psicológico e são motivadas a reduzi-lo. Persuadir alguém envolve a criação ou exposição de inconsistências com suas crenças atuais para motivá-las a mudar.

A teoria do processamento heurístico-sistemático, proposta por Shelly Chaiken em 1980, explica como as pessoas processam mensagens persuasivas de duas formas: através de processamento sistemático, em que a mensagem é analisada profundamente, ou processamento heurístico, em que se usam atalhos mentais ou "regras de bolso". Entender como o público processa as informações pode ajudar a adaptar a abordagem persuasiva de acordo com o nível de envolvimento do receptor.

A teoria da probabilidade de elaboração, desenvolvida por Richard E. Petty e John T. Cacioppo na década de 1980, destaca dois caminhos para a persuasão: o caminho central, que envolve um pensamento cuidadoso e lógico, e o caminho periférico, que se baseia em indícios superficiais (como a atratividade do falante). O caminho central é mais eficaz quando o receptor está motivado e capaz de processar a informação, enquanto o caminho periférico é útil em situações em que o público tem baixo envolvimento ou conhecimento.

Persuasão através da história

A história está repleta de líderes e movimentos que utilizaram a persuasão eficazmente. Por exemplo, os discursos de Martin Luther King Jr., particularmente seu "I Have a Dream", são estudos de caso sobre o uso da emoção e da lógica para motivar uma mudança social significativa. Outros exemplos históricos incluem as estratégias de persuasão usadas por figuras políticas como Winston Churchill durante a Segunda Guerra Mundial, ou as táticas de Gandhi na luta pela independência da Índia.

A era digital trouxe novas plataformas para a persuasão, como as redes sociais e o marketing digital. Estas plataformas utilizam algoritmos para personalizar a publicidade de forma mais direta e eficaz, baseando-se no comportamento e nas preferências do usuário. Anúncios segmentados, conteúdo patrocinado e influenciadores digitais são exemplos de como a tecnologia transformou as técnicas de persuasão.

A linha entre persuasão e manipulação é tênue e crucial, especialmente em ambientes onde a informação pode ser distorcida para servir a interesses específicos. Discutir ética envolve entender quando a persuasão serve para o bem comum e quando cruza a linha para manipulação. A transparência e a honestidade são fundamentais para garantir que a persuasão seja usada de maneira justa e ética.

Desenvolvendo estudos de caso

A persuasão é crucial em negociações empresariais, nas quais os líderes devem convencer outras partes das vantagens de uma parceria ou de um acordo. Um exemplo notável pode ser a negociação de fusões de empresas, em que os executivos precisam persuadir acionistas e reguladores da viabilidade e dos benefícios da fusão.

As técnicas de persuasão são fundamentais em campanhas políticas, quando candidatos utilizam discursos, propaganda e debates para influenciar o eleitorado. Por exemplo, Barack Obama, em suas campanhas presidenciais, utilizou uma combinação de apelos emocionais, provas sociais e autoridade para mobilizar suporte e confiança.

Durante a pandemia de Covid-19, profissionais de saúde pública utilizaram estratégias de persuasão para encorajar comportamentos como o uso de máscaras e a vacinação. Isso incluiu apelos à responsabilidade social, uso de influenciadores para aumentar a aceitação e campanhas informativas sobre os benefícios das vacinas.

Ferramentas e técnicas

Ensinar como estruturar mensagens que são claras e impactantes é essencial. Isso pode envolver o uso de histórias (*storytelling*), metáforas e dados visuais para tornar argumentos mais compreensíveis e persuasivos. A narrativa pode envolver personagens, conflitos e resoluções que ressoem emocionalmente com o público.

A comunicação não verbal pode fortalecer a mensagem verbal. Treinamento em linguagem corporal pode ensinar profissionais a usar contato visual, gestos e postura para reforçar a autoridade e empatia. O tom de voz, expressões faciais e o uso do espaço também desempenham papéis importantes na persuasão não verbal.

Desenvolvimento pessoal

Motivação e Metas: técnicas de autopersuasão são valiosas para motivar-se na direção de objetivos pessoais e profissionais. Isso pode incluir técnicas de visualização positiva, afirmações e a definição de metas progressivas que reforçam a crença na própria capacidade de sucesso.

Superar Procrastinação: a autopersuasão pode ser utilizada para combater a procrastinação, reestruturando como se pensa sobre as tarefas em mão. Por exemplo, alterar a percepção de uma tarefa de "tediosa" para "importante para o meu crescimento profissional" pode mudar a atitude e o nível de engajamento com a tarefa.

Existem muitos cursos disponíveis, online e presenciais, que ensinam técnicas de persuasão, cobrindo desde fundamentos psicológicos até aplicações práticas em áreas como vendas, marketing, liderança e negociação.

Instituições e empresas podem oferecer treinamentos contínuos para desenvolver habilidades de persuasão. Isso pode incluir sessões de *coaching*, simulações e *feedback* regular, ajudando os profissionais a aprimorar suas habilidades e adaptá-las a novos desafios e contextos.

Exercícios práticos

Para desenvolver habilidades de persuasão, é útil praticar. Este tópico inclui uma série de exercícios práticos, como simulações de negociação, análises de vídeos de discursos persuasivos e reflexões guiadas sobre experiências pessoais com persuasão. Cada atividade é desenhada para fortalecer a compreensão e aplicação dos princípios discutidos.

- Divida os participantes em duplas. Cada participante recebe um papel com objetivos secretos que precisam ser alcançados durante a negociação de um contrato fictício (por exemplo, um contrato de fornecimento entre duas empresas). Após 30 minutos de negociação, cada dupla apresentará um breve resumo do acordo alcançado e discutirá as estratégias de persuasão utilizadas.
- Distribua transcrições de discursos famosos ou mostre vídeos de discursos. Peça aos participantes para identificarem técnicas de persuasão como apelos emocionais, uso de estatísticas, citações de autoridades etc. Realize uma discussão em grupo para explorar como esses elementos contribuem para a eficácia do discurso.
- Peça aos participantes para escreverem sobre uma ocasião em que tentaram persuadir alguém. Eles devem descrever o contexto, o que tentaram, o que funcionou e o que não funcionou. Esta atividade pode ser seguida por uma discussão em grupo sobre as lições aprendidas e estratégias para melhorar.
- Crie cenários de conflito comuns no ambiente de trabalho ou pessoal. Os participantes devem assumir diferentes papéis e tentar resolver o conflito usando técnicas de persuasão. Após cada simulação, um debate ajudará a identificar o que foi eficaz ou não.
- Forme grupos e atribua um tema a cada um, para desenvolver uma campanha persuasiva (por exemplo, promover a reciclagem na comunidade). Os grupos devem planejar a campanha, decidindo as principais mensagens, os meios de comunicação e estratégias persuasivas. Apresente as campanhas e discuta as abordagens.

Os exercícios são projetados para ser interativos e práticos, proporcionando aos participantes a oportunidade de desenvolver e refinar suas habilidades de persuasão em uma variedade de contextos.

Conclusão

A persuasão é uma arte refinada e uma habilidade fundamental que permeia inúmeros aspectos das interações humanas, desde a comunicação diária até negociações complexas em ambientes corporativos e políticos. Exploramos a rica tapeçaria da persuasão, começando com seus fundamentos teóricos e princípios psicológicos que moldam como influenciamos e somos influenciados. Discutimos teorias como a da Consistência Cognitiva, Processamento Heurístico-Sistemático e a Teoria da Probabilidade de Elaboração, que juntas fornecem um quadro robusto para entender a dinâmica da influência humana.

Ao mergulhar na história, vimos como a persuasão foi utilizada por líderes e movimentos ao longo dos séculos, adaptando-se às mudanças culturais e tecnológicas. Na era digital, a tecnologia revolucionou as técnicas persuasivas, especialmente com o advento da inteligência artificial, que transformou a maneira como mensagens são personalizadas e entregues ao público.

A ética na persuasão emergiu como um tema crucial, delineando a linha tênue entre influenciar positivamente e manipular. Sublinhamos a importância de adotar práticas éticas em todas as formas de persuasão, garantindo que, enquanto buscamos influenciar, também respeitamos a autonomia e dignidade dos outros.

Com exemplos práticos e simulações, oferecemos um caminho para a aplicação dessas teorias em contextos reais, seja através de exercícios de negociação, análises de discursos, ou o desenvolvimento de campanhas persuasivas. Estes exercícios não só fortalecem a compreensão da persuasão como habilidade prática, mas também preparam indivíduos para aplicá-la de maneira eficaz e ética.

Em conclusão, a persuasão, quando utilizada com sabedoria e ética, é uma ferramenta poderosa para fomentar entendimento, resolver conflitos e inspirar ação. Encorajamos os leitores a abraçar a arte da persuasão não apenas como uma habilidade a ser utilizada, mas como uma competência essencial para ser aprimorada ao longo do tempo, promovendo interações mais ricas e significativas em todos os aspectos de suas vidas pessoais e profissionais. Esta jornada através do mundo da persuasão reafirma a importância de sermos comunicadores conscientes, empáticos e eficazes, capazes de moldar o mundo ao nosso redor de maneiras positivas e duradouras.

Referências

ARISTÓTELES. *A Arte da Retórica*. São Paulo: Penguin Classics, 1991.

CARNEGIE, D. *Como fazer amigos e influenciar pessoas*. 52. Ed. Atualizada. São Paulo: Companhia Editora Nacional, 2012.

CHAIKEN, S. Heuristic versus systematic information processing and the use of source versus message cues in persuasion. *Journal of Personality and Social Psychology*, 39(5), 752-766, 1980.

CIALDINI, R. B. *Influência. A psicologia da persuasão*. Fricla/Portugal: Sinais de Fogo, 2008

CIALDINI, R. B. *Pré-Suasão: uma maneira revolucionária de influenciar e persuadir*. Rio de Janeiro: Harper Collins, 2016.

HEINRICHS, J. *Obrigado por argumentar*: O que Aristóteles, Lincoln e Homer

Simpson podem nos ensinar sobre a arte da persuasão. São Paulo: Alta Books, 2013.

PETTY, R.E.; CACIOPPO, J.T. O modelo de probabilidade de elaboração da persuasão. *Advances in Experimental Social Psychology*, 19, 123-205, 1986.

THALER, R. H.; SUNSTEIN, C. R. *Nudge: O empurrão para a escolha certa*. Rio de Janeiro: Campus, 2008.

A habilidade da inteligência emocional na advocacia

Indira Matos Freitas de Magalhães

Introdução

Diante de um mercado altamente competitivo e complexo, é certo que o sucesso de um advogado vai além de suas habilidades técnicas. Sendo assim, o presente texto aborda a importância da inteligência emocional na advocacia, profissão que lida diretamente com pessoas em conflito, em que os ânimos se exaltam com facilidade e as pessoas estão diante de situações difíceis em suas vidas. Além disso, o advogado tem que lidar com um Judiciário moroso e por vezes injusto, saber se relacionar com outros advogados e membros da justiça, com a pressão pelos prazos improrrogáveis e com a gestão eficiente de seus negócios.

O problema é que, além da capacidade técnica que lhe é exigida para exercer essa profissão, o advogado precisa entender sobre pessoas, emoções, conflitos e os desafios do empreendedorismo, e de tudo, apenas a capacidade técnica lhe foi ensinada na faculdade de Direito.

O objetivo deste texto é destacar a importância da inteligência emocional na advocacia, enfatizando como ela pode melhorar a interação com clientes, a gestão de disputas, a gestão do negócio e a performance dos profissionais, apresentando estratégias e ferramentas para gerenciar as emoções.

Inteligência emocional na advocacia

A inteligência emocional (IE) refere-se à capacidade de reconhecer, entender e gerenciar nossas próprias emoções, bem como à capacidade de reconhecer, entender e influenciar as emoções dos outros. O conceito foi popularizado por Daniel Goleman, psicólogo norte-americano. Em síntese, a inteligência emocional envolve a habilidade de identificar, compreender e gerenciar emoções, além de conter impulsos comportamentais, superar adversidades de forma construtiva, comunicar-se eficientemente e exercer empatia.

A inteligência emocional é uma competência crucial em qualquer profissão, mas no contexto jurídico se torna necessária, influenciando diretamente a eficiência e a excelência dos serviços prestados. Habilita o advogado a estabelecer vínculos mais robustos e seguros com seus clientes. Demonstrando empatia, compreensão e consideração pelas emoções e inquietações dos clientes, os advogados podem estabelecer uma relação mais intensa e relevante, fomentando um clima de confiança e cooperação recíproca. Isso pode resultar em maior lealdade do cliente e em uma imagem mais positiva no mercado, o que pode acarretar um crescimento do número de clientes e de oportunidades comerciais.

Advogados enfrentam constantemente situações de estresse e pressão, e a capacidade de gerenciar emoções próprias e alheias é essencial para seu sucesso profissional e sua saúde mental. A inteligência emocional auxilia na tomada de decisões equilibradas e na manutenção da concentração sob pressão. Desenvolver essa habilidade é um diferencial competitivo e uma exigência para advogados que buscam excelência.

No ambiente de trabalho, a inteligência emocional promove um clima coeso e eficiente, prevenindo conflitos e incentivando suporte mútuo. Ela também é significativa na gestão de clientes, permitindo que advogados detectem nuances na comunicação, entendam ansiedades e reajam de maneira a gerar empatia e confiança, especialmente em casos contenciosos.

Em conclusão, a inteligência emocional é uma ferramenta poderosa para a advocacia moderna, capacitando advogados a gerir emoções eficientemente, construir relações produtivas, negociar eficazmente e criar ambientes de trabalho harmoniosos. Investir no aprimoramento da inteligência emocional é vital para o sucesso profissional e uma vida mais leve.

A aplicação da inteligência emocional na advocacia

Na advocacia contemporânea, para se ter sucesso é necessário ir além do Direito, desenvolvendo as habilidades interpessoais e emocionais para lidar com uma variedade de situações desafiadoras. Por isso, a inteligência emocional se torna necessária na advocacia, além de estar entre as dez habilidades exigidas para o profissional do futuro, segundo a ONU.

Hoje no Brasil as empresas contratam profissionais pelo perfil/currículo técnico e demitem pela ausência da habilidade socioemocional. Desenvolver as habilidades socioemocionais no contexto jurídico tem se mostrado cada vez mais relevante, pois permite aos advogados aprimorar seu desempenho profissional, melhorar o relacionamento com os clientes, colegas e membros do Judiciário, para alcançar resultados mais eficazes.

Daniel Goleman, em sua obra seminal *Inteligência Emocional: A teoria revolucionária que redefine o que é ser inteligente*, destaca a importância da inteligência emocional na prática da advocacia. Segundo ele, a habilidade de reconhecer, compreender e gerenciar as próprias emoções, bem como as emoções dos outros, é essencial para o sucesso de um advogado.

Na advocacia, lidamos frequentemente com situações de alta tensão e estresse, como disputas judiciais, negociações complexas e conflitos entre clientes. Nesses momentos, a capacidade de manter a calma, controlar impulsos emocionais e tomar decisões racionais é fundamental. Advogados com alta inteligência emocional são capazes de lidar eficazmente com essas situações, mantendo o foco em seus objetivos e nas soluções, evitando comportamentos impulsivos e desproporcionais que possam prejudicar sua atuação profissional.

Além disso, a inteligência emocional também desempenha um papel crucial no relacionamento com os clientes. Ediberto Santos, em *Inteligência emocional na prática*, ressalta a importância de estabelecer uma conexão empática com os clientes, entendendo suas preocupações, seus medos e expectativas. Advogados emocionalmente inteligentes são capazes de cultivar relacionamentos sólidos e de confiança com seus clientes, o que pode resultar em uma melhor colaboração e em resultados mais satisfatórios, tornando-os clientes recorrentes.

Um aspecto particularmente relevante da inteligência emocional na advocacia é sua aplicação na resolução de conflitos. Advogados com habilidades emocionais bem desenvolvidas são capazes de abordar disputas de forma construtiva, buscando soluções que atendam aos interesses de todas as partes envolvidas, gerando o resultado ganha-ganha. Eles são capazes de se comunicar de forma clara e eficaz, ouvindo atentamente as preocupações das partes e buscando pontos de convergência que possam levar a um acordo mutuamente satisfatório.

Ademais, a inteligência emocional também desempenha um papel crucial no manejo de situações adversas, como críticas negativas, derrotas judiciais, comportamentos desproporcionais vindo de outros colegas ou membros do Judiciário e estresse profissional. Advogados emocionalmente inteligentes são capazes de lidar com essas situações de forma construtiva, aprendendo com os desafios e mantendo uma atitude positiva diante das adversidades.

Em resumo, a inteligência emocional é uma habilidade fundamental para os advogados que desejam alcançar sucesso profissional e oferecer um serviço de qualidade aos seus clientes. Ao reconhecer a importância da inteligência emocional e buscar desenvolvê-la, eles podem aprimorar sua capacidade de lidar com situações desafiadoras, cultivar relacionamentos positivos e alcançar resultados eficazes em sua prática jurídica.

Competências e habilidades da inteligência emocional aplicadas à advocacia

Desenvolver inteligência emocional na advocacia envolve um conjunto de práticas e estratégias que podem ser adotadas tanto no ambiente de trabalho quanto na vida pessoal. Aqui estão algumas maneiras práticas de fazer isso. Vamos analisar brevemente cada uma delas:

- **Autoconhecimento e Autocontrole:** o autoconhecimento é a base da inteligência emocional. Os advogados precisam ter uma compreensão profunda de suas próprias emoções, seus valores e motivações, bem como de seus pontos fortes e fracos. Isso permite que eles identifiquem seus gatilhos emocionais e ajam de forma proativa e intencional para controlar suas reações em situações de alta pressão ou estresse. O autocontrole é a capacidade de gerenciar impulsos emocionais e manter a calma e a clareza mental mesmo diante de desafios e contratempos. Mesmo não sendo possível controlar as emoções, sabemos ser possível controlarmos as reações desproporcionais, e um passo importante é, ao perceber que a emoção forte veio, silenciar e se afastar do conflito, beber um copo de água e retomar a conversa.
- **Empatia:** é uma habilidade crucial para os advogados, pois lhes permite compreender as emoções, necessidades e perspectivas de

seus clientes, colegas e adversários. Ser capaz de entender que o outro tem percepções diferentes das suas, e nem por isso está errado, exercer a empatia e desenvolver uma comunicação eficaz fortalece os relacionamentos profissionais e aumenta a capacidade de resolver conflitos de forma colaborativa e construtiva.

- **Habilidade de comunicação:** é essencial para os advogados, e a inteligência emocional desempenha um papel fundamental nesse aspecto. Os advogados emocionalmente inteligentes são capazes de expressar suas ideias de forma clara, respeitosa e persuasiva, adaptando sua linguagem e seu estilo de comunicação de acordo com o público e o contexto. Aperfeiçoe suas habilidades de comunicação, tanto verbal quanto escrita. Seja claro, conciso e assertivo sem ser agressivo. Além disso, esses advogados também são habilidosos ouvintes, capazes de entender as preocupações e necessidades de seus clientes e colegas.
- **Resiliência:** é a capacidade de lidar com adversidades, superar desafios e se recuperar de fracassos de forma rápida e eficaz, aprendendo com os erros, e não os ignorando. Os advogados enfrentam constantemente situações difíceis e imprevistos em sua prática profissional, e a resiliência emocional é fundamental para enfrentar esses desafios com determinação e otimismo. Isso envolve a capacidade de aprender com os erros, adaptar-se às mudanças e manter-se motivado mesmo diante de obstáculos.
- **Gestão de relacionamentos:** refere-se à capacidade de cultivar e manter conexões positivas e produtivas com clientes, colegas, juízes e outros profissionais do meio jurídico. Isso envolve habilidades como construção de confiança, colaboração, negociação e resolução de conflitos. Os advogados emocionalmente inteligentes são capa-

zes de desenvolver relacionamentos sólidos e de longo prazo, o que pode resultar em maior satisfação do cliente, oportunidades de negócios e sucesso profissional.

- **Motivação:** estabeleça metas claras e alcançáveis para sua carreira e projetos jurídicos. Metas bem definidas mantêm a motivação e o foco. Encontre fontes internas de motivação. Identifique o que lhe inspira e motiva no trabalho e na advocacia em geral. Reconheça e celebre suas conquistas, sejam elas grandes ou pequenas. Isso reforça o comportamento positivo e mantém o moral alto.
- **Formação continuada:** participe de cursos e *workshops* sobre inteligência emocional. Muitas instituições oferecem treinamentos específicos para profissionais do Direito. Leia livros e artigos sobre inteligência emocional, liderança e gestão de conflitos. Autores como Daniel Goleman oferecem *insights* valiosos. Procure mentores que possam oferecer orientação e suporte no desenvolvimento de sua inteligência emocional.
- **Bem-estar pessoal:** mantenha um equilíbrio saudável entre trabalho e vida pessoal. Reserve tempo para atividades que promovam o relaxamento e o bem-estar. Priorize o autocuidado físico e mental. Isso inclui dormir bem, manter uma alimentação saudável e praticar atividades físicas regularmente. Cultive uma rede de suporte social fora do ambiente de trabalho. Amigos e família podem oferecer perspectivas e apoio emocional valiosos.

Em suma, desenvolver a inteligência emocional não é um processo imediato, mas um compromisso contínuo com o crescimento pessoal e profissional. Implementar essas práticas pode levar a uma melhoria significativa nas relações interpessoais, gestão de conflitos e satisfação geral na carreira jurídica.

Explorando as dinâmicas comportamentais na atuação jurídica: estratégias para uma advocacia eficiente

O autoconhecimento é o primeiro passo para desenvolver a inteligência emocional. Saber verdadeiramente o que lhe motiva, quais são seus talentos, seus desafios, seus pontos fortes e fracos, seu padrão comportamental, através de uma análise de perfil comportamental, ajuda a lhe dar essa clareza.

Fato é que cada advogado, com suas habilidades socioemocionais natas ou desenvolvidas, é peça-chave na advocacia, impactando diretamente na interação com clientes, colegas, juízes e demais profissionais do meio jurídico. As competências emocionais moldam a maneira como os advogados lidam com diferentes situações e se relacionam com as pessoas ao seu redor, refletindo a compreensão das próprias emoções e das emoções dos outros, conforme discutido por Goleman (2011) e Santos (2023).

Daniel Goleman, argumenta que o sucesso em várias esferas, incluindo o Direito, depende do desenvolvimento de habilidades emocionais em um índice de 80%. Para ele, mais do que autogerenciar as emoções pessoais, é vital saber gerenciar também as emoções do outro para estabelecer relações fortes e resolver conflitos cooperativamente (2011).

O modelo DISC é uma teoria comportamental, desenvolvido pelo psicólogo norte-americano William Marston, que classifica os comportamentos humanos em quatro perfis comportamentais. Segundo ele, temos característica dos quatro perfis, mas tendemos a agir predominantemente com um ou dois. A teoria revela muitas características do nosso padrão comportamental, mas é claro que esse teste não é capaz de revelar sua personalidade e nem lhe definir. Você é muito mais que um padrão comportamental preestabelecido, mas, se observar bem, vai se identificar com a tendência comportamental do seu perfil predominante. Seguem as principais características, pontos fortes e fracos de cada perfil comportamental:

- **Dominância (D)**

Características: é decisivo, confiante e direto, focado em resultados e objetivos e gosta de desafios e de estar no controle.

Pontos Fortes: tomada de decisão rápida e eficaz. Grande capacidade de liderança. Determinado e orientado para alcançar resultados.

Pontos Fracos: pode ser visto como insensível ou autoritário. Tendência a ser impaciente e a correr riscos desnecessários. Pode ter dificuldade em trabalhar em equipe e ouvir opiniões alheias.

- **Influência (I)**

Características: extrovertido, comunicativo e entusiasta, gosta de socializar e influenciar os outros e é focado em relacionamentos e no ambiente social.

Pontos Fortes: habilidades de comunicação e persuasão, capacidade de motivar e inspirar os outros e de criar um ambiente de trabalho positivo e colaborativo.

Pontos Fracos: pode ser visto como superficial ou disperso. Tendência a evitar conflitos e a ser excessivamente otimista. Pode ter dificuldades com organização e foco em detalhes.

- **Estabilidade (S)**

Características: calmo, paciente e confiável, prefere ambientes estáveis e previsíveis, focado em apoiar e colaborar com os outros.

Pontos Fortes: excelente habilidade de escuta e empatia. Confiável e consistente no desempenho de tarefas. Promove um ambiente de trabalho harmonioso e cooperativo.

Pontos Fracos: Pode ser visto como resistente a mudanças e passivo. Tendência a evitar confrontos e a ceder facilmente. Pode ter dificuldades em tomar decisões rápidas e assertivas.

- **Conformidade (C)**

Características: analítico, detalhista e preciso, focado em procedimentos, normas e qualidade. Prefere dados e fatos para tomar decisões.

Pontos Fortes: alto nível de precisão e atenção aos detalhes. Habilidades analíticas e de resolução de problemas. Capacidade de seguir e implementar padrões e procedimentos rigorosos.

Pontos Fracos: pode ser visto como crítico ou inflexível. Tendência a ser excessivamente cauteloso e avesso a riscos. Pode ter dificuldades em se adaptar a mudanças e trabalhar sob pressão.

Cada perfil comportamental DISC possui características únicas que contribuem para suas habilidades e áreas de melhoria. Conhecer essas características permite uma melhor compreensão de si mesmo e dos outros, facilitando a comunicação, a colaboração e o desenvolvimento pessoal e profissional.

Ademais, a maneira como os advogados gerenciam estresse e pressão também é influenciada por seus perfis comportamentais. Advogados resilientes e flexíveis podem lidar melhor com desafios, enquanto os mais propensos à ansiedade podem necessitar de estratégias para enfrentar as pressões cotidianas.

No exercício da advocacia, o encontro com clientes de perfis variados é comum, e cada um possui necessidades e expectativas distintas. Assim, a habilidade de se adaptar a diferentes perfis e comunicar-se de maneira eficaz é essencial para a satisfação do cliente e o êxito nos casos.

Em resumo, os perfis comportamentais têm um impacto significativo na advocacia. Através do autoconhecimento, é possível identificar seus pontos de melhoria e desenvolver-se para melhorar suas relações com outros advogados e clientes. Ao entender e cultivar suas habilidades emocionais, os advogados podem atender melhor seus clientes, resolver conflitos com eficiência e alcançar sucesso na carreira.

Inteligência emocional e resolução de conflitos na advocacia

No exercício da advocacia, é comum lidarmos com conflitos. Tanto em processos judiciais quanto em negociações extrajudiciais, a advocacia negocial e consensual tem ganhado espaço no cenário jurídico brasileiro. A inteligência emocional se destaca como uma competência vital para que os advogados possam gerir esses impasses de maneira efetiva e obter resultados que satisfaçam todos os envolvidos.

Entender e reconhecer as emoções próprias e alheias é essencial no manejo de conflitos. Compreendendo o que está por trás das disputas, os advogados podem adotar posturas mais empáticas e colaborativas, procurando soluções que contemplem os interesses mútuos.

Gerenciar as emoções pessoais também é fundamental para preservar a serenidade e objetividade durante as negociações e mediações. Manter-se calmo e concentrado, mesmo sob pressão, ajuda os advogados a analisar as alternativas com precisão e a tomar decisões bem fundamentadas, buscando sempre o melhor desfecho para os clientes.

A comunicação não violenta é outro elemento chave na resolução de conflitos jurídicos. Por meio de um diálogo claro e assertivo, os advogados podem defender suas posições de maneira persuasiva, mostrando ao mesmo tempo empatia e consideração pelas percepções das outras partes. Isso contribui para a construção de um bom relacionamento e estabelece uma base firme para negociações eficazes.

A habilidade de gerir relações interpessoais de maneira positiva é outro ponto importante da inteligência emocional na gestão de conflitos. Isso inclui desenvolver laços favoráveis com colegas, clientes, magistrados e demais interessados, facilitando assim a cooperação e o trabalho coletivo em prol de soluções consensuais.

A inteligência emocional ainda auxilia o advogado a reconhecer e enfrentar barreiras emocionais que podem aparecer durante a resolução de conflitos, como lidar com sentimentos intensos de irritação, desapontamento ou preocupação, típicos em momentos de tensão.

Por último, a capacidade de ajustar estratégias de resolução de conflitos conforme as necessidades e preferências das partes é uma competência valiosa, que se beneficia do desenvolvimento da inteligência emocional. Flexibilizar abordagens e buscar soluções inovadoras para problemas complexos são atitudes essenciais para se obter êxito em situações conflituosas.

Em suma, a inteligência emocional é fundamental na resolução de conflitos na área jurídica, pois permite aos advogados lidar com desafios de forma eficiente e alcançar acordos benéficos para todos os envolvidos. Desenvolver habilidades emocionais, aplicando os conceitos da inteligência emocional, pode melhorar significativamente a capacidade dos advogados de resolver disputas de maneira efetiva e positiva.

Como posso desenvolver minha inteligência emocional na prática jurídica?

Desenvolver a inteligência emocional na prática jurídica é um processo contínuo que envolve várias estratégias. Assim como já foi realçado no tópico das competências e habilidades da inteligência emocional, aqui estão mais dicas práticas que podem ajudar:

- **Pratique o autocontrole:** aprender a lidar com suas emoções é crucial. Isso significa não ser impulsivo ou descontrolado, mas sim responder às situações com calma e clareza.
- **Busque o autoconhecimento:** conhecer seus próprios sentimentos e como eles são desencadeados é fundamental. Isso ajuda a entender suas reações e a gerenciar suas emoções de forma mais eficaz.

- **Desenvolva habilidades sociais:** a capacidade de interagir bem com outras pessoas, compreender suas emoções e motivar a equipe é importante. Isso inclui ser bom ouvinte e ter empatia.
- **Cultive a empatia:** tente se colocar no lugar dos outros, entendendo suas perspectivas e seus sentimentos. Isso é essencial para construir relações de confiança com clientes e colegas.
- **Fortaleça suas habilidades de comunicação:** comunicar-se de maneira clara e eficaz é uma parte importante da inteligência emocional. Isso também envolve ouvir ativamente e expressar seus pensamentos de maneira compreensível.
- **Gerencie o estresse:** encontre maneiras saudáveis de lidar com o estresse, como técnicas de relaxamento, exercícios físicos ou *hobbies* que ajudem a descomprimir a tensão do trabalho.
- **Mantenha o aprendizado contínuo:** a inteligência emocional não é algo estático; ela pode ser desenvolvida e aprimorada ao longo do tempo. Busque recursos, livros e cursos que possam ajudar a expandir sua compreensão sobre o tema.

Práticas de autocuidado como treinamento de respiração, meditação, atividade física, descanso e lazer são benéficas para o desenvolvimento da inteligência emocional, contribuindo para a resiliência e o gerenciamento do estresse. Os escritórios de advocacia devem reconhecer e valorizar comportamentos que demonstrem alta inteligência emocional, fomentando uma cultura organizacional que priorize essa habilidade e estimule o autocuidado.

Além do mais, a inteligência emocional auxilia os advogados com a capacidade de administrar com eficiência o estresse e a pressão típicos da atividade jurídica. Desenvolvendo competências para a autorregulação emocional, eles conseguem controlar sua reatividade e preservar a imparcialidade, mesmo perante circunstâncias adversas e desafiadoras. Isso não só favorece o bem-estar e a saúde mental do próprio advogado, mas também possibilita a tomada de decisões mais refletidas e estratégicas em instantes decisivos, assegurando uma atuação profissional mais efetiva e resultados mais propícios para os clientes.

Outra vantagem notável da inteligência emocional na advocacia é a promoção de uma comunicação efetiva e assertiva. Advogados com alta inteligência emocional conseguem expressar suas ideias de maneira nítida, convincente e respeitosa, enquanto escutam ativamente e reagem com empatia às expectativas e necessidades dos clientes e colegas. Isso favorece um diálogo mais fluente, reduzindo desentendimentos e conflitos interpessoais, e melhorando o entendimento e a colaboração entre todas as partes.

Lembre-se de que o desenvolvimento da inteligência emocional é um investimento na sua carreira e no bem-estar pessoal. Ao aprimorar essas habilidades, você estará mais preparado para enfrentar os desafios da advocacia com resiliência e eficácia. Eu costumo afirmar que a inteligência emocional gera lucro em todas as áreas da sua vida.

Conclusão

Com base no que foi apresentado neste texto, fica claro que a inteligência emocional é um elemento crucial na advocacia. Essa competência vai além de meramente complementar o conhecimento técnico dos advogados; ela é essencial para a eficiência, a qualidade dos serviços, o bem-estar e o sucesso dos profissionais.

Valorizando as habilidades emocionais, os advogados podem melhorar a comunicação, a resolução de conflitos, o manejo do estresse e as relações interpessoais, o que leva a uma advocacia mais eficiente, ética e de sucesso.

Entendendo a inteligência emocional, é fácil perceber que somos todos seres emocionais, e que o conflito não é jurídico: ele tem natureza emocional e relacional. Quem advoga pode adotar uma postura mais empática e humanizada no trabalho, estabelecendo relações mais fortes e confiáveis com clientes, colegas e parceiros, e fomentando um ambiente jurídico colaborativo e pacífico.

O desenvolvimento das habilidades emocionais prepara os advogados para superar os desafios da carreira, lidando melhor com pressão, incerteza e adversidades. Isso não só melhora a tomada de decisões estratégicas, mas também protege a saúde mental e o bem-estar durante a carreira.

Assim, é vital que os advogados percebam a necessidade de desenvolver essas habilidades ao longo de suas carreiras, pois integrar a inteligência emocional na prática jurídica pode levar a maior sucesso, satisfação no trabalho e realização pessoal.

Finalmente, a inteligência emocional é mais do que um diferencial competitivo; é indispensável para advogados que visam a excelência e uma vida de qualidade. Cabe aos profissionais do Direito investir no aprimoramento contínuo dessas competências para se sobressair em um mercado competitivo e para uma advocacia mais ética e eficiente.

Referências

BAR-ON, Reuven. The Bar-On Model of Emotional-Social Intelligence (ESI). *Psicothema*, 2006; Suppl:13-25.

BRASIL. Conselho Nacional de Justiça. *Resolução nº 125* de 29 de novembro de 2010. Disponível em: http://www.cnj.jus.br/busca-atos-adm?documento=2579. Acesso em 18 jun. 2024.

GOLEMAN, Daniel. *Inteligência Emocional:* A teoria revolucionária que redefine o que é ser inteligente. Rio de Janeiro: Objetiva, 2011.

MAYER, John D.; SALOVEY, Peter. What is Emotional Intelligence? *In*: SALOVEY, P.; SLUYTER, D. J. (Eds.), *Emotional development and emotional intelligence:* Educational implications. New York: Basic Books, 1997, pp. 3–34.

SANTOS, Ediberto. *Inteligência emocional na prática:* Aprenda como utilizar suas emoções a seu favor! 2. ed. São Paulo: Mr.Coach, 2023.

O desenvolvimento da habilidade de liderar

Juliana A. Brochado

Parabéns, você foi promovido!

Essa é a frase que inicia um novo ciclo, de novos desafios e muitos aprendizados.

Iniciar em um cargo de liderança é o começo de uma nova jornada, em que, por muitas vezes, o profissional que recebeu ótimas avaliações e reconhecimento por suas entregas de qualidade e diferenciadas enquanto auxiliar, assistente e analista será testado por uma nova habilidade que envolve um olhar mais atento e dinâmico: liderar pessoas.

O processo de liderar pessoas é um dos aspectos mais complexos de qualquer empresa, pois envolve o encontro de crenças e valores individuais, para atingimento de um objetivo coletivo, direcionado pelo *modus operandi* da cultura da empresa.

Líder de si mesmo

Parte essencial da preparação para um cargo de liderança está nas experiências adquiridas anteriormente, a partir do desenvolvimento de competências técnicas e interpessoais como priorização de atividades, resolução de problemas, comunicação assertiva, gestão do tempo e habilidade de trabalhar em equipe.

Novos líderes geralmente iniciam suas carreiras em cargos de apoio, realizando tarefas individuais, independente de qual seja sua área de atuação, mas são avaliados a partir de habilidades técnicas ou específicas da sua área de atuação.

No livro *Pipeline da liderança*, Ram Charan, Stephen Drotter e James Noel organizam essa evolução profissional a partir de passagens entre os níveis hierárquicos, considerando que cada passagem representa novos requisitos em termos de habilidades, novos horizontes de tempo e modo de alocação de tempo, além de novos valores profissionais.

A "Passagem 1" se refere à transição de gerenciar a si mesmo para gerenciar outros, uma passagem bastante relevante, pois envolve a transição de um profissional executor de tarefas para gestor de tarefas e de pessoas. Compartilho trecho onde os autores citam as principais mudanças e os desafios:

> As pessoas de desempenho mais alto, em especial, relutam em mudar; elas querem continuar realizando as atividades que lhes renderam o sucesso. Em consequência, fazem a transição de colaborador individual a gestor sem uma transição comportamental ou baseada em valores. Na verdade, elas se tornam gestores sem aceitar os requisitos. Muitos consultores, por exemplo, pularam essa passagem, passando de uma liderança transitória de equipe a líderes de negócios sem absorver grande parte do aprendizado disponível entre esses dois pontos. Quando líderes de negócios pulam essa passagem, o resultado costuma ser desastroso. As habilidades que as pessoas deveriam aprender nessa primeira passagem de liderança incluem: planejamento do trabalho, definição de tarefas, atribuição de tarefas, motivação, orientação e mensuração do trabalho dos outros. Os gestores de primeira viagem precisam aprender como realocar seu tempo de forma que não somente concluam o trabalho que lhes é atribuído, como também ajudem os outros a ter um desempenho eficaz. Eles não podem alocar todo o tempo para apagar incêndios, correndo atrás de oportunidades e lidando eles mesmos com as tarefas. Eles devem parar de "fazer" o trabalho e se concentrar em fazer o trabalho ser realizado pelos outros.
>
> (...)

> A mudança mais difícil para os gestores na Passagem 1, no entanto, envolve valores. Mais especificamente, eles precisam aprender a valorizar o trabalho de gestão em vez de apenas tolerá-lo. Eles devem acreditar que alocar tempo aos outros, ao planejamento e ao *coaching* e a tarefas similares é necessário e faz parte de suas responsabilidades. Mais do que isso, eles devem ver esse trabalho direcionado aos outros como essencial para o sucesso.[38]

Esta fase inicial é fundamental para o desenvolvimento de competências, autoconhecimento, responsabilidade pessoal, reorganização de prioridades e definição das abordagens que garantam o acompanhamento das entregas e resultados da equipe, bem como estabeleçam um plano de comunicação fluida com seus liderados e pares.

A segurança psicológica x comunicação – o desafio das equipes

Cada profissional possui características específicas de acordo com o seu perfil de trabalho e área de atuação. Quando um profissional faz a transição para um papel de liderança, começa a refletir sobre suas próprias características pessoais, sobre as habilidades comuns e diferentes das que seu time possui e sobre como será seu modelo de gestão.

Contratar e gerir profissionais com perfis de trabalho e habilidades semelhantes às do líder oferece vantagens como comunicação fluida, maior empatia e conexão, além de facilitar a gestão e o alinhamento de expectativas. No entanto, é a partir das divergências de perfis de trabalho que o líder é desafiado a reconhecer o valor das distintas habilidades e, se necessário, reorganizar sua equipe de acordo com as competências e responsabilidades de cada papel, visando aproveitar ao máximo as habilidades distintas de cada membro da equipe.

38. CHARAN, Ram; DOTTER, Stephen; NOEL, James. *Pipeline da liderança*: o desenvolvimento de líderes como diferencial competitivo. 5. ed. Rio de Janeiro: Elsevier, 2011. p. 38.

A efetividade do trabalho em equipes multidisciplinares é um tema já consolidado, e definido como melhores práticas para gestão de projetos e pessoas, para o desenvolvimento de equipes de alta performance, com foco na melhoria contínua e no crescimento pessoal e profissional. Um bom líder deve exercer o hábito da escuta ativa, estar atento às necessidades de sua equipe e mapear seus potenciais e limitações, com o objetivo de desenvolver novas habilidades por meio de *feedbacks* e oportunidades.

No artigo "Research: To Excel, Diverse Teams Need Psychological Safety", Henrik Bresman e Amy C. Edmondson discutem maneiras de obter melhores desempenhos em equipes diversas, entendendo que a chave para isso é criar um ambiente psicologicamente seguro. A pesquisa foi realizada em um ambiente intensivo em inovação e sugere que, embora equipes diversificadas possam ser mais inovadoras, elas frequentemente têm desempenho inferior às equipes homogêneas, devido aos desafios de comunicação e alinhamento de prioridades.

A pesquisa indica que equipes com alta segurança psicológica, nas quais os membros não temem ser rejeitados ou envergonhados por expressarem suas ideias, perguntas ou preocupações, têm uma associação positiva entre diversidade e desempenho. Para criar ambientes psicologicamente seguros em equipes diversas, os autores recomendam três abordagens:

> 1. Enquadramento: O enquadramento consiste em ajudar os membros da equipe a alcançar um entendimento comum do trabalho e do contexto. Dois quadros são particularmente relevantes para equipes diversas: metas para a reunião e o valor da experiência.
> 2. Investigação: Quando os líderes de equipe – e outros – praticam uma investigação genuína que extrai as ideias dos outros, ouvindo atentamente o que eles ouvem em resposta, a segurança psicológica na equipe aumenta.
>
> 3. Superação de Limites: O enquadramento e a investigação ajudam a criar ambientes psicologicamente seguros. Mas, ficando ainda mais

> tático, o que os membros individuais da equipe podem fazer para superar os limites da experiência e do histórico? O que eles realmente precisam saber um sobre o outro para ganhar força em seu trabalho colaborativo? Eles não precisam conhecer toda a história de vida ou o conjunto de conhecimentos um do outro. Mas eles precisam descobrir onde seus objetivos, conhecimentos e desafios se unem. Quaisquer duas pessoas – ou membros de toda a equipe – podem fazer isso buscando as seguintes informações uma sobre a outra.[39]

Os *insights* de Henrik Bresman e Amy C. Edmondson apresentam possíveis caminhos para maximizar o potencial das equipes diversificadas, beneficiando-se de diferentes perspectivas e experiências, e reduzindo os riscos e desafios de comunicação ineficaz que impactam os resultados.

Faz parte das atribuições do líder ter uma visão clara e ampla a respeito da realidade do ambiente de sua equipe, realizar conversas difíceis para alinhamento de contextos e expectativas, e principalmente exercer sua escuta ativa, estando atento às principais necessidades e à definição de próximos passos – em busca de um ambiente mais saudável e inovador.

Habilidades de um bom líder

Quando mencionamos um líder orientado a tarefas, estamos geralmente nos referindo a profissionais que durante sua carreira consideraram o aprendizado técnico, a qualidade e assertividade das entregas como o objetivo principal e mais relevante do desenvolvimento do trabalho. É possível que esse líder, antes de discutir novos temas, implementações e automações com seu time, inicialmente organize suas ideias, desenhe qual caminho considera como importante e, a partir de então, apresente suas ideias ao time, para que possam debater se esse é o caminho do sucesso, ou se requer ajustes.

39. EDMONDSON, A. (2022). Research: To Excel, Diverse Teams Need Psychological Safety. *Harvard Business Review*. Disponível em: https://hbr.org/2022/03/research-to-excel-diverse-teams-need-psychological-safety. Acesso em: 22 jun. 2024. Tradução nossa.

Quando mencionamos um líder orientado a pessoas, estamos geralmente nos referindo a profissionais que durante sua carreira optaram inicialmente por obter grandes debates, incentivar o *brainstorming* por meio de *networking* e percepções, para então, após a clareza de quais seriam os próximos passos, desenhar o caminho que consideram como importante para atingir os objetivos da área.

Esses pontos podem ser observados a partir de comportamentos durante toda a trajetória profissional, e trazem principalmente a autoconsciência, com a reflexão de onde estamos x para onde estamos indo – possibilitando conversas mais transparentes sobre as expectativas de quais serão as entregas, e quais serão os papéis e as responsabilidades de cada integrante.

Essa diferenciação entre um líder orientado a tarefas x um líder orientado a gestão de pessoas é uma referência em termos de autoconhecimento e estabelecimento de metas quanto ao desenvolvimento de novas competências. No entanto, a partir da passagem para a liderança de pessoas, um fator decisivo para o sucesso é o desenvolvimento da inteligência emocional.

O conjunto necessário de habilidades para atingimento do potencial de cada integrante de sua equipe pode ser muito bem observado a partir da estrutura apresentada por Daniel Goleman, em seu artigo "What Makes a Leader", para a *Harvard Business Review*, publicado em 2004.

Em sua pesquisa em quase 200 grandes empresas globais, Goleman descobriu que líderes verdadeiramente eficazes se destacam por um alto grau de inteligência emocional. Sem essa competência, mesmo com excelente formação, mente perspicaz e um fluxo constante de boas ideias, uma pessoa não conseguirá se tornar um grande líder.

Os elementos fundamentais da inteligência emocional – autoconsciência, autorregulação, motivação, empatia e habilidade social – podem não ser vistos como aspectos estritamente comerciais, mas Goleman identificou conexões diretas entre inteligência emocional e resultados comerciais mensuráveis. A importância da inteligência emocional nos negócios tem sido objeto de debates contínuos nos últimos anos, e o artigo de Goleman permanece como a principal referência sobre o tema. Ele oferece uma análise detalhada de cada componente da inteligência emocional, explorando como identificá-los em potenciais líderes, sua relação com o desempenho e como essas habilidades podem ser desenvolvidas.

Os cinco componentes da inteligência emocional no trabalho:

> AUTOCONSCIÊNCIA: A capacidade de reconhecer e compreender seu humor, emoções e impulsos, bem como seus efeitos sobre os outros. Autoconfiança; Autoavaliação realista; Senso de humor autodepreciativo.
>
> AUTORREGULAÇÃO: A capacidade de controlar ou redirecionar impulsos e estados de espírito disruptivos. A propensão a suspender o julgamento – a pensar antes de agir; Confiabilidade e integridade; Conforto com ambiguidade; Abertura à mudança.
>
> MOTIVAÇÃO: Paixão por trabalhar por motivos que vão além de dinheiro ou status. Uma propensão a perseguir metas com energia e persistência; Forte motivação para alcançar; Otimismo, mesmo em face do fracasso; Comprometimento organizacional.
>
> EMPATIA: A capacidade de entender a composição emocional de outras pessoas. Habilidade em tratar as pessoas de acordo com suas reações emocionais; Experiência em construir e reter talentos; Sensibilidade transcultural; Atendimento a clientes e consumidores.
>
> HABILIDADE SOCIAL: Proficiência em gerenciar relacionamentos e construir redes. A capacidade de encontrar um terreno comum e construir um relacionamento; Eficácia na liderança da mudança; Persuasão; Experiência na construção e liderança de equipes.[40]

Foram observados comportamentos, especialmente em líderes, que

40. GOLEMAN, D. (2004). What Makes a Leader. *Harvard Business Review*. Disponível em: https://hbr.org/2004/01/what-makes-a-leader. Acesso em: 22 jun. 2024. Tradução nossa.

mostram a relação entre a inteligência emocional e o desempenho efetivo, a partir de cada um dos componentes mencionados acima:

> [..] Pessoas autoconscientes também podem ser reconhecidas por sua autoconfiança. Eles têm uma compreensão firme de suas capacidades e têm menos probabilidade de fracassar, por exemplo, sobrecarregando suas tarefas. Eles também sabem quando pedir ajuda. E os riscos que eles assumem no trabalho são calculados. Eles não pedirão um desafio que saibam que não conseguirão enfrentar sozinhos. Eles usarão seus pontos fortes.
>
> [..] A autorregulação é importante por razões competitivas. Todos sabem que os negócios de hoje estão repletos de ambiguidades e mudanças. As empresas se fundem e se separam regularmente. A tecnologia transforma o trabalho em um ritmo vertiginoso. Pessoas que dominaram suas emoções são capazes de lidar com as mudanças. Quando um novo programa é anunciado, eles não entram em pânico; em vez disso, podem suspender o julgamento, buscar informações e ouvir os executivos explicando o novo programa. À medida que a iniciativa avança, essas pessoas podem seguir em frente.
>
> [..] Executivos que tentam reconhecer altos níveis de motivação para realizações em seus funcionários podem buscar uma última evidência: comprometimento com a organização. Quando as pessoas amam seus empregos pelo trabalho em si, geralmente se sentem comprometidas com as organizações que tornam esse trabalho possível. É provável que funcionários comprometidos permaneçam em uma organização mesmo quando são perseguidos por caçadores de talentos que ganham dinheiro.
>
> [..] A empatia é particularmente importante hoje como componente da liderança por pelo menos três razões: o uso crescente de equipes; o ritmo acelerado da globalização; e a crescente necessidade de reter talentos.
>
> [..] A habilidade social é o ponto culminante das outras dimensões da inteligência emocional. As pessoas tendem a ser muito eficazes no gerenciamento de relacionamentos quando conseguem entender e controlar suas próprias emoções e simpatizar com os sentimentos dos

> outros. Até mesmo a motivação contribui para a habilidade social. Lembre-se de que as pessoas motivadas a alcançar o sucesso tendem a ser otimistas, mesmo diante de contratempos ou fracassos. Quando as pessoas estão otimistas, seu "brilho" se reflete em conversas e outros encontros sociais. Eles são populares e por um bom motivo.[41]

A diferenciação entre líderes orientados a tarefas e líderes orientados a pessoas impacta a dinâmica e o sucesso das equipes. Os primeiros priorizam o planejamento estratégico, as agendas de trabalho e os cronogramas de entregas, enquanto os segundos possuem a tendência de dar mais valor aos debates e *brainstorming* colaborativos, e possuem mais foco em estabelecer conexões e reuniões de trabalhos em conjunto.

Ambas as abordagens mostram autoconsciência e facilitam discussões claras sobre expectativas, responsabilidades e metas. No entanto, a partir da pesquisa realizada e considerando as minhas experiências pessoais, para se destacar, líderes devem investir na inteligência emocional para conduzir equipes eficazmente e alcançar metas organizacionais com sucesso.

Tipos de liderança

O nível de autoconhecimento de um líder é algo bastante relevante para o resultado dos trabalhos, pois, para estabelecer um bom nível de comunicação e confiança com seus liderados, será necessário entender os "porquês" de cada integrante da equipe e a causa raiz dos problemas a serem resolvidos na empresa.

A identificação de priorização de atividades – sejam elas com maior ou menor risco/impacto ao negócio e resultados da equipe – faz parte de uma gestão assertiva, considerando principalmente que diferentes tipos de situações demandam diferentes tipos de liderança.

41. Goleman, D. (2004). What Makes a Leader. *Harvard Business Review*. Disponível em: https://hbr.org/2004/01/what-makes-a-leader. Acesso em 22 jun. 2024. Tradução nossa.

Daniel Goleman, em seu artigo mencionado, apresentou sua visão quanto aos estilos de liderança a partir de uma pesquisa realizada com mais de 3.000 executivos, e descreve os seis tipos de liderança, a partir de diferentes componentes da inteligência emocional:

- O **estilo coercitivo** de liderança demanda obediência imediata e espera conformidade total dos subordinados. É menos eficaz na maioria das situações, impactando negativamente o clima organizacional, especialmente em termos de flexibilidade. As decisões são centralizadas, de cima para baixo, o que mata novas ideias, reduz o senso de responsabilidade e diminui a motivação. Além disso, corrói o orgulho dos trabalhadores de alto desempenho. Esse estilo deve ser utilizado apenas em situações extremas, como emergências ou reviravoltas.
- O **estilo autoritário** é caracterizado por um líder visionário que motiva a equipe com uma visão clara e convincente. É um dos estilos mais eficazes, impactando positivamente todos os aspectos do clima organizacional. A motivação é baseada em uma visão compartilhada, e a flexibilidade é alta, permitindo liberdade para inovação. Funciona bem em empresas à deriva, mas não é adequado para equipes de especialistas ou colegas mais experientes.
- No **estilo afiliativo**, o líder prioriza o bem-estar emocional dos membros da equipe, buscando criar harmonia e fortalecer laços. É muito eficaz para criar harmonia e melhorar o moral, com foco nas pessoas e suas emoções mais do que nas tarefas e metas. A comunicação é alta, com forte *feedback* positivo, e a flexibilidade também é alta, permitindo liberdade na realização do trabalho. Esse estilo é apropriado quando se busca melhorar a comunicação, o moral e a confiança, embora possa tolerar a mediocridade se usado isoladamente.

- O **estilo democrático** envolve a equipe nas decisões, promovendo participação e consenso. É eficaz na criação de confiança, respeito e comprometimento, com alto nível de envolvimento dos trabalhadores nas decisões, aumentando a flexibilidade e a responsabilidade. No entanto, pode levar a reuniões intermináveis e atrasar decisões. É adequado quando é importante ouvir todas as vozes e obter adesão.
- O **estilo *pacesetting*** (inovador) estabelece padrões altos e espera que a equipe acompanhe o ritmo do líder. Deve ser usado com moderação, pois pode sobrecarregar funcionários e diminuir o moral. Embora estabeleça altos padrões de desempenho, a flexibilidade e a responsabilidade são reduzidas, com falta de *feedback* ou intervenção excessiva. É apropriado em situações que exigem alto desempenho imediato, mas deve ser usado com moderação.
- O **estilo de *coaching*** foca no desenvolvimento pessoal e profissional dos subordinados, ajudando-os a atingir seu potencial máximo. Tem um impacto positivo no clima e no desempenho, com foco no desenvolvimento dos funcionários. *Feedback* e delegação são constantes e abundantes, aumentando a flexibilidade e a clareza devido ao diálogo contínuo. O comprometimento é alto, baseado no investimento no crescimento dos funcionários, sendo apropriado quando os funcionários estão dispostos a aprender e melhorar.

O entendimento e as definições dos estilos de liderança possuem caráter esclarecedor e facilitam o desenho da trajetória profissional por meio da autoconsciência, considerando os aspectos pessoais. Para maior eficácia, líderes podem adaptar seu estilo de liderança às necessidades específicas da situação e da equipe, e investir no desenvolvimento pessoal para expandir seu repertório de estilos.

Líder do futuro

Atualmente, em grandes empresas, parte dos desafios de equilibrar a rotina diária tem sido a necessidade de reservar um período desse tempo - do time de execução, da liderança e de equipes de desenvolvimento e melhoria contínua - para identificação de oportunidades e implementações que agilizam as entregas, substituindo atividades operacionais por automações.

À medida que os trabalhos manuais são substituídos por melhores processos apoiados pela inteligência artificial, o papel do líder envolve uma visão mais estratégica, considerando as metas da área, a cultura da empresa e o desenvolvimento de KPIs que demonstram a evolução do seu trabalho, nos quesitos gestão de pessoas e gestão de resultados.

Com a evolução da aplicação de tecnologia em processos rotineiros, como atividades operacionais que antes eram feitas por cargos de níveis operacionais, a tecnologia nos leva a uma nova fase no mundo do trabalho, que afetará a empresa e as pessoas - e ambos necessitam de flexibilidade e resiliência para se reinventar e se adaptar à nova realidade.

Um dos principais papéis de um líder é ser agente da mudança, dando clareza à sua equipe sobre quais são os objetivos da empresa, da área e do time, e quais são os papéis e responsabilidades de cada profissional, dentro desse contexto. Ele deve fazer da mudança uma decisão consistente, alinhada aos contextos da empresa, trazendo foco para as oportunidades de desenvolvimento, e não para os erros e problemas, que devem permanecer no passado, como forma de *lessons learned*. Deve, também, concentrar-se em manter um equilíbrio saudável entre negócios e tecnologia.

A inteligência artificial tem estado cada vez mais presente em atividades corriqueiras, trazendo evolução para nosso formato de trabalho, possibilitando que as empresas utilizem seus recursos para investir em atividades mais estratégicas e transformando o dia a dia, para que o nosso trabalho esteja mais próximo de alguns ideais – realizar tarefas mais estratégicas, focar na gestão de pessoas e estar mais próximo de uma realidade em que o trabalho que não demanda nossa capacidade intelectual seja executado por IA.

Com a evolução da IA generativa, este é um momento importante para a reflexão sobre o papel do líder e das competências que serão a ponte para a assertividade e a prosperidade nas novas atribuições.

No artigo "The Best Leaders Can't Be Replaced by AI", Rasmus Hougaard, Jacqueline Carter e Rob Stembridge analisaram e mapearam nos últimos 10 anos o que significa ser um líder eficaz e bem-sucedido atualmente – e descobriram que, quanto mais humano você é em sua liderança, melhores serão os resultados.

A partir dos resultados obtidos nas pesquisas, foi possível a constatação de que funcionários possuem uma confiança maior em serem liderados por uma IA do que por chefes humanos em cenários que envolvam: desenvolvimento de estratégias; maior precisão e consistência na análise de dados e tomada de decisão; redução da influência de fatores pessoais, favorecendo a imparcialidade; e análise de desempenho e otimização de ações.

Por outro lado, apesar dos benefícios que a IA traria em termos de desenvolvimento do negócio, quando o assunto são os *feedbacks* que envolvam assuntos pessoais, 57% dos entrevistados não confiam na capacidade da IA de entender o comportamento humano no trabalho – gerando preocupações com a manipulação de dados pessoais, medo de discriminação e falta de transparência no embasamento da tomada de decisão, levando ao sentimento de vulnerabilidade. Funcionários continuam valorizando líderes que demonstram qualidade humanas como consciência, compaixão e sabedoria.

Nesse contexto, a pesquisa destaca a importância da integração de novos modelos de trabalho agilizados pelas possibilidades de automações, principalmente quando são tarefas simples e repetitivas, e reforça o papel insubstituível das qualidades humanas na liderança e gestão de equipes quanto ao desenvolvimento de estratégias, tomada de decisão e desenvolvimento do time.

A evolução contínua das tecnologias de inteligência artificial está transformando rapidamente o cenário empresarial, redefinindo não apenas como realizamos nossas tarefas diárias, mas também o papel fundamental dos líderes. À medida que processos operacionais são automatizados e atividades rotineiras são assumidas pela IA, surge a necessidade crucial de uma liderança estratégica e adaptável.

Os líderes modernos não apenas gerenciam equipes, mas também orientam suas organizações na adoção e integração eficaz dessas novas tecnologias. Isso não se limita apenas à implementação técnica, mas envolve também a definição de metas claras alinhadas aos objetivos estratégicos da empresa e à cultura organizacional. O papel do líder como agente de mudança é essencial, comunicando de maneira transparente e inspiradora os propósitos e as responsabilidades de cada membro da equipe.

Além de facilitar a transição para um ambiente de trabalho mais digital e automatizado, os líderes devem cultivar uma mentalidade de aprendizado contínuo e resiliência. Isso inclui não apenas a habilidade de identificar e aproveitar oportunidades de desenvolvimento, mas também de aprender com os desafios e erros passados para promover uma cultura de melhoria contínua.

À medida que nos movemos em direção a um futuro no qual a IA assume mais tarefas operacionais, o foco humano será cada vez mais direcionado para atividades estratégicas, gestão de pessoas e inovação. Este é um momento de adaptação e crescimento, em que empresas de todos os tamanhos podem capitalizar em investimentos em automação e melhorias internas para fortalecer suas operações e cumprir com exigências regulatórias.

Em resumo, enquanto a inteligência artificial continua a evoluir, os líderes serão fundamentais na condução de suas organizações para um futuro de sucesso sustentável, no qual a integração harmoniosa entre tecnologia e habilidades humanas é não apenas possível, mas essencial para prosperar em um ambiente competitivo e em constante mudança[42].

Referências

BRESMAN, Henrik; EDMONDSON, Amy C. What Psychological Safety Looks Like in a Hybrid Workplace. *Harvard Business Review Brasil*, 2019. Disponível em: https://hbr.org/2021/04/what-psychological-safety-looks-like-in-a-hybrid-workplace. Acesso em: 22 jun. 2024.

CHARAN, Ram; DROTTER, Stephen; NOEL, James. *Pipeline da liderança:* O desenvolvimento de líderes como diferencial competitivo. Tradução: Maria Helena Santana. Rio de Janeiro: Elsevier, 2011.

EDMONDSON, A. Research: To Excel, Diverse Teams Need Psychological Safety. *Harvard Business Review*, 2022. Disponível em: https://hbr.org/2022/03/research-to-excel-diverse-teams-need-psychological-safety. Acesso em: 22 jun. 2024.

GOLEMAN, Daniel. What makes a leader? *Harvard Business Review,* 2004. Disponível em: https://hbr.org/2004/01/what-makes-a-leader?language=pt. Acesso em: 22 jun. 2024.

HOUGAARD, Rasmus; CARTER, Jacqueline; STEMBRIDGE, Rob. The Best Leaders Can't Be Replaced by AI. *Harvard Business Review Brasil*, 2024. Disponível em: https://hbr.org/2024/01/the--best-leaders-cant-be-replaced-by-ai?language-pt. Acesso em: 22 jun. 2024.

42. Este artigo reflete a minha opinião pessoal, minha experiência e meus estudos – fundamentados em obras literárias e pesquisas publicadas, aqui mencionadas. Foram consultados 10 profissionais experientes de diferentes setores empresariais, que enfrentam diariamente os desafios e as gratificações de liderar e ser liderado. Os comentários foram essenciais para a construção deste trabalho, ajudando a entender quais são as características pessoais, habilidades e qualidades essenciais de um líder inspirador – na prática.

Para além do conflito: como a habilidade de resolver problemas pode potencializar resultados para os clientes

Macela Nunes Leal e Quíssila Pessanha

> "Você nunca pode resolver um problema no nível em que foi criado".
> Albert Einstein

Invariavelmente, o conflito perpassa as nossas vidas o tempo todo e o tempo inteiro. Desde os conflitos internos que afligem a nossa mente até os conflitos interpessoais e ou grupais, não há como ser indiferente ao conflito, posto que é inerente à natureza humana.

O conflito é inevitável, porém não necessariamente é concebido de forma negativa; ao contrário, pode ser concebido como forma de compor as diferenças, prevenir a estagnação e/ou oportunidade de crescimento pessoal e profissional.

Dessa forma, o conflito deve ser ressignificado para além do seu viés negativo, associado a "confronto", "embate", "luta". Segundo a moderna teoria do conflito, o conflito não é necessariamente positivo nem negativo, porém pode assumir características construtivas ou destrutivas de acordo com a forma como é manejado.

Para Morton Deutsch (1973), a resolução de conflitos pode adquirir contornos construtivos e destrutivos. Quando o conflito é mal administrado, a tendência é que haja a escalada do conflito, de forma que os envolvidos se enxergam como adversários a serem superados, não havendo espaço para a harmonia entre as partes. O mau gerenciamento do conflito leva ao esgarçamento e/ou rompimento das relações existentes.

O processo de resolução de conflitos destrutivo favorece a competição, isto é, um ambiente de soma zero, em que nenhuma das partes fica verdadeiramente satisfeita. Um exemplo clássico é o processo judicial em que as partes se comportam como adversários, como se estivessem num ringue. Comumente, o processo é conduzido com comportamentos como barganha, blefe, ameaça, e em estado de animosidade constante.

Quando o conflito é gerido de forma adequada, por outro lado, há espaço para o desenvolvimento de soluções criativas, equalizando os diferentes interesses, necessidades e expectativas das partes, através de um diálogo propositivo, priorizando a relação existente. Desta forma, quando o relacionamento for importante, deve-se focar no processo construtivo de resolução de conflitos, optando-se por métodos como a mediação.

O processo construtivo favorece a colaboração dos envolvidos, num modelo ganha-ganha-ganha, isto é, ganham os envolvidos, os advogados e a sociedade como um todo, visto que a pacificação social é atingida.

Não raramente os advogados centram-se nas posições que são colocadas à mesa de negociação. Por posições entende-se aquilo que os indivíduos dizem querer; todavia, o que de fato os indivíduos almejam geralmente não externalizam de pronto. No afã de resolver os problemas de seus clientes, o advogado deve identificar os interesses em jogo, ou seja, as reais motivações subjacentes ao conflito.

Face a essa constatação, questiona-se: por que, enquanto advogados, não investimos em desenvolver habilidades para compreender o conflito em amplo espectro? Por que não investimos em habilidades que nos permitam identificar os reais anseios dos envolvidos?

Sob este viés, o advogado precisa compreender sua função de agente de pacificação social, ampliando o seu espectro de visão para enxergar o conflito a partir de perspectivas positivas.

Neste particular, obtempera-se que o advogado pode ser um fio condutor na construção de um diálogo franco, aberto e honesto, ajudando os envolvidos a modificar a sua percepção face ao conflito, inclusive a partir de uma nova visão de mundo.

Disto isto, esclarece-se que o advogado moderno não se limita a recorrer ao Judiciário para a resolução das controvérsias. O advogado, na busca de proporcionar soluções mais resolutivas e ágeis, pode valer-se de outras formas de resolução de conflitos para além dos muros do Poder Judiciário.

Nesse papel, o advogado, de maneira estratégica, auxilia os seus constituídos na tomada de decisão, incentivando o diálogo, o respeito e a assunção de responsabilidades.

Sob esta ótica, o advogado figura como autêntico negociador, de forma que o protagonismo é conferido ao cliente, cabendo ao advogado estimular esse protagonismo, ao mesmo tempo em que deve proporcionar segurança jurídica, fornecendo ao seu cliente as informações necessárias, indicando os possíveis cenários.

Para tanto, dentre tantas habilidades desejáveis para o advogado, destacamos a habilidade de resolver problemas. A referida habilidade, conforme será demonstrado a seguir, proporcionará ao advogado desempenhar sua função com maestria, de forma segura, consciente, com vistas a conferir ao seu cliente respostas mais rápidas e efetivas.

Seguramente, a habilidade de resolver problemas envolve a premissa de separar as pessoas do problema. Tal premissa, em outros termos, sugere atacar o problema, preservando as pessoas envolvidas, isto é, compreender as pessoas na sua condição humana e resolver o problema objetivamente. Trata-se de um exercício contínuo e treinável.

Outro desafio para o advogado é superar os gargalos das falhas e/ou ruídos na comunicação. Muitos problemas são oriundos desses problemas até mesmo pela inabilidade das partes em se comunicar de forma eficaz.

Feitas essas ponderações, passaremos a analisar a habilidade de resolução de problemas.

Habilidade de resolução de problemas

Você é bom na resolução de problemas? Muito provavelmente lhe deixamos reflexivo(a). Agora, vamos fazer uma nova pergunta: você é bom em identificar quais são os problemas que devem ser resolvidos? Sim, não, talvez? Ainda reflexivo(a)? Pois bem, vamos entender melhor a habilidade de resolução de problemas, tendo a clareza dos contornos dessa temática para o exercício da nossa profissão.

No ambiente de trabalho dinâmico de hoje, a resolução de problemas pode ser considerada como uma engrenagem que mantém as operações fluindo suavemente. Em outros termos, essa habilidade tem o condão de cadenciar o ritmo da nossa atuação e, por que não dizer, a qualidade dos nossos serviços.

Os desafios surgem com uma frequência diária surpreendente, envolvendo desde dilemas simples até questões complexas, que podem variar entre questões técnicas, desafios de gestão de equipe, dificuldades financeiras ou outras. Um dos maiores desafios hoje em um escritório, por exemplo, é identificar quais são os problemas que devem ser resolvidos e a forma de resolvê-los.

No atual universo competitivo de trabalho, a capacidade de resolver problemas rápida e eficientemente é um diferencial. É uma arma valiosa. Cada vez mais, as empresas e os escritórios de advocacia investem no desenvolvimento dessa habilidade e incentivam um ambiente de aprendizado constante. Isso porque a habilidade de resolver problemas é vital para manter a competitividade e a eficácia, o que implica gerir tempo e recursos com foco na solução.

Outro desafio significativo é a gestão de pessoas. Afinal, contratar, treinar, explicar a visão da empresa, motivar, inspirar pessoas, comunicar e reter talentos são tarefas complexas, que exigem uma combinação de habilidades interpessoais, técnicas e estratégicas.

Cumpre observar, ainda, que a eficácia na resolução de problemas vai além de buscar soluções. Ela se baseia em uma série de princípios que orientam todo o processo, tais como:

i) **Identificação clara do problema:** antes de qualquer solução, é essencial entender o problema em questão. É ter uma abordagem holística para a resolução de problemas. Entender como o problema afeta os objetivos da empresa e direcionar suas soluções de maneira mais precisa.

ii) **Análise da causa do problema:** primeiro, identifica-se a causa oculta do problema e depois analisa-se o problema e entende-se a sua causa.

iii) **Geração de soluções alternativas:** consideram-se várias possíveis soluções. Usa-se a habilidade da criatividade, o que pode ser feito por meio de várias técnicas, incluindo *brainstorming.*

iv) **Implementação da solução:** uma vez encontrada a melhor solução, ela deve ser implementada de forma eficaz, materializada através de soluções inovadoras. Executar o plano pode ser considerada a linha de chegada da resolução de problemas.

Para se chegar a uma solução eficaz, a estrutura do problema é a chave.

Isso envolve entender as suas causas e os fatores que o estão influenciando. Do nascimento de um problema até a sua resolução bem-sucedida, as etapas envolvidas moldam a trajetória de funcionários e empresa. Eles se engajam em um processo criativo e analítico para identificar soluções eficazes.

O pensamento analítico é a base da resolução de problemas. Ao analisar os componentes individuais de um problema, é mais fácil identificar padrões de trabalho, as relações de trabalho e causas subjacentes. É aceitar a realidade de que existe algo a ser resolvido, em lugar de procurar culpados.

Vale ressaltar que a habilidade de resolver problemas está inserida em um universo de várias outras habilidades. É importante ter essa consciência para compreender que essa habilidade tem a ver com a criatividade, com a formação de pensamento crítico, entre outras. Um bom exercício para essas habilidades é listar o maior número de soluções em um *post-it*, por exemplo, desenvolvendo mente aberta para a situação.

A resolução de problemas frequentemente leva à inovação e melhoria de processos, produtos e serviços. Resolver problemas efetivamente melhora a capacidade de tomar decisões informadas e confiáveis, o que envolve avaliar opções, considerar prós e contras de cada uma e escolher a melhor alternativa com base nas informações. Pessoas que são habilidosas na resolução de problemas são muitas vezes vistas como líderes e podem influenciar positivamente a cultura e o sucesso da equipe e da organização, por exemplo.

A habilidade de resolver problemas exige perspicácia de quem está atribuído dessa tarefa. Em uma empresa, por exemplo, é fundamental a participação da equipe na resolução de problemas. Pedir ajuda aos colegas de profissão pode enriquecer seu *brainstorming*. É preciso que a equipe tenha a noção clara do que está acontecendo para, então, encontrar uma solução.

No ambiente de trabalho, resolver problemas ocupa a maior parte do tempo, pois os problemas chegam de todo lado. A habilidade de resolução de problemas engloba algumas outras habilidades acessórias, tais como:

i) **Escuta ativa:** é estar preparado a escutar o outro controlando a comunicação não verbal. Quanto mais escutamos, mais o cliente, chefe, colega de trabalho, o outro, falam. Quanto mais escutamos, quanto mais expressamos vontade de ouvir, mais tolerância exercemos, mais resiliência e empatia conseguimos. A habilidade da escuta cria uma conexão entre colaboradores e seus desafios.

ii) **Comunicação eficaz:** é a habilidade de transmitir e receber mensagens de maneira clara, garantindo que remetente e destinatário entendam a informação da forma pretendida, evitando mal-entendidos e facilitando a colaboração dos envolvidos. A comunicação eficaz é chave para estabelecer uma base sólida de cooperação. Essa habilidade cria ambientes em que vozes são ouvidas, as ideias são respeitadas e os resultados são alcançados de maneira colaborativa e bem-sucedida.

iii) **Pensamento crítico:** é a capacidade de pensar de forma clara, objetiva, de identificar ou não falhas e inconsistências. Envolve uma análise detalhada de informações, permitindo a tomada de decisões informadas. É olhar para o problema de diferentes ângulos para identificar causas subjacentes e possíveis soluções. É postura ativa de quem questiona, pesquisa e aprende. A leitura desempenha um papel crucial na construção de um pensamento crítico.

iv) **Criatividade:** é pensar além do convencional, é explorar soluções "fora da caixa", encontrar maneiras originais de enfrentar problemas.

v) **Agilidade emocional:** é se expor às circunstâncias novas, olhar de frente para o problema, olhar com proatividade para a solução, ter agilidade emocional para diagnosticá-lo entender um padrão e resolver o problema.

Como forma de elucidar a habilidade de resolver problemas sob a ótica da advocacia, passaremos a discorrer sobre as habilidades acessórias descritas acima.

A **escuta ativa** requer um olhar sensível e atento do advogado para com o cliente, observando a linguagem verbal e não verbal. O que implica que o advogado deve demonstrar interesse genuíno e honesto pelo relato do seu cliente, identificando seus reais interesses e necessidades, aspirações e expectativas em relação à demanda. A escuta ativa requer uma escuta sem julgamento, sem interrupção, sem juízo de valor, isto é, uma escuta verdadeiramente interessada em compreender o indivíduo. Esta habilidade gera o *rapport*, isto é, a conexão entre cliente e advogado, favorecendo a confiança e o respeito que devem existir nessa relação.

A **comunicação eficaz** na relação entre cliente e advogado, por sua vez, diz respeito à transmissão das informações, de forma clara, objetiva, não violenta, além de atender aos objetivos que se pretende atingir com a mensagem. A comunicação eficaz também envolve alinhamento de expectativas entre cliente e advogado, aparando eventuais arestas e colaborando para os melhores resultados.

No nosso mister profissional, o **pensamento crítico** é muito importante na escolha das melhores estratégias e no processo de tomada de decisões. O pensamento crítico requer a disposição para uma mente aberta, checagem e confronto de informações e avaliação de propostas. Requer, ainda, a capacidade de abandonar a opinião pessoal para contemplar as opções que apresentem maior vantajosidade para o cliente.

No exercício da advocacia, a **criatividade** também se revela uma habilidade importante. Embora muitos ainda associem a advocacia a uma atividade rígida, estanque e presa à moldura da lei, ela pode e deve recorrer a soluções criativas, que se ajustem às especificidades que o conflito carrega. Prova disso são os negócios jurídicos processuais que representam verdadeiros ajustes, considerando a autonomia da vontade dos indivíduos. A criatividade traz a oportunidade de oferecer respostas variadas aos diferentes problemas através da colaboração dos envolvidos no conflito.

Sob a perspectiva da advocacia, a **agilidade emocional** diz respeito à capacidade de se adaptar às diferentes circunstâncias e emoções face ao conflito. O advogado tem papel primordial na gestão das emoções, desde o acolhimento destas até o seu gerenciamento. Esse papel é fundamental para que o cliente possa tomar decisões qualificadas e seguras.

A resolução eficaz de problemas pode ser desafiadora, mas, como disse o cientista Albert Einstein, "no meio de todas as dificuldades reside a oportunidade". O profissional quando entende esse pensamento, se destaca dos demais e impulsiona a inovação.

Nesse sentido de inovação, ter uma metodologia de resolução de problemas é um estímulo para a inovação nas empresas, um estímulo à exploração de oportunidades até então não exploradas. É oferecer passos claros e eficazes para identificar, analisar e resolver obstáculos, mas sua importância transcende a superação de obstáculos. Uma metodologia de resolução de problemas bem definida reforça a comunicação e a colaboração.

Dominar as habilidades de resolução de problemas é um processo contínuo, que requer dedicação prática e uma abordagem proativa. Com uma base sólida de habilidades, os colaboradores se tornam agentes de mudança proativos e eficazes. Ao aprimorar suas habilidades de resolução de problemas, você estará bem posicionado para aproveitar as oportunidades que surgem dos desafios mais complexos.

Destaca-se, outrossim, que, quando o advogado se apropria da habilidade de resolver problemas, ele consegue potencializar os resultados dos seus clientes. Isso porque essa habilidade envolve uma série de outras habilidades, como já ressaltado em linhas anteriores, o que significa que o advogado com essa habilidade consegue enxergar o conflito de forma macro, em diversas camadas e perspectivas.

Quando o advogado tem *expertise* nessa habilidade, ele consegue gerir eficientemente tempo e recursos, utilizando as melhores estratégias e, consequentemente, alcançando os melhores resultados do ponto de vista financeiro e do ponto de vista relacional. Nesse particular, o advogado aparece como um resolvedor, aquele que irá direcionar sua atuação para dirimir os conflitos, focando na solução definitiva da demanda, preocupando-se com a resolução do conflito, e não apenas com o término do processo.

A atuação do advogado enquanto resolvedor de problemas está de fato voltada à resolução do conflito, compreendendo as razões subjacentes ao conflito e direcionando a sua atuação para a resolução deste, transformando as pessoas envolvidas para uma perspectiva além do conflito, de modo construtivo e colaborativo.

Dessa forma, tem-se que os resultados alcançados são potencializados, uma vez que o cliente participa ativamente do processo de tomada de decisões e compreende o conflito. O papel do advogado, nesse particular, é decisivo para esse processo de ampliação da consciência, tendo em vista que direciona sua atuação de forma pensada, estratégica e resolutiva, oportunizando aos clientes soluções rápidas, efetivas e seguras.

Considerações finais

À luz do exposto, depreende-se que a atuação do advogado vai além da lide jurídica. Ela perpassa o conhecimento e a *expertise* além das normas e códigos para contemplar outras habilidades, entre as quais destacamos a habilidade de resolver problemas, alcançando a compreensão do conflito de forma macro.

Para tanto, o advogado moderno deve atuar como um resolvedor de conflitos, de sorte que, a partir da tomada de consciência das habilidades comportamentais, em especial a habilidade de resolução de problemas, ele consiga dar um direcionamento estratégico para seu mister com maximização de resultados.

O escritório do advogado, dessa forma, não se restringe a um amontoado de processos burocráticos, com atividades e tarefas rígidas e estanques. O advogado, enquanto resolvedor de problemas, é um catalisador, ajudando no gerenciamento das emoções, estimulando a criatividade e sobretudo conduzindo os seus clientes na superação de desafios e entraves.

Não se trata apenas de pensar "fora da caixa", mas de ampliar a caixa de pensamento, expandir a visão periférica, prestar atenção em questões multidisciplinares para o aperfeiçoamento profissional. Quando o advogado utiliza essas especialidades, ele consegue acessar novos caminhos.

Em arremate, deve-se ter em mente que a jornada em direção à excelência na resolução de problemas é uma estrada sem fim. Aprimorar essa habilidade é uma busca que nunca cessa, construindo bases sólidas para o sucesso futuro. Trata-se de uma habilidade treinável e, como tal, exige estudo, dedicação e resiliência, tudo isso para potencializar, cada vez mais, os resultados para os clientes.

Referências

AZEVEDO, J. de; GOULART, R. *Advocacia 5.0*. E-book. Disponível em: https://www.advocacyacademy.com.br/files/ugd/939c4aa254bb20218b4a6581e9280ab8b3e141.pdf. Acesso em: 20 jun. 2022.

COOLEY, J. W. *A advocacia na mediação*. Tradução: René Locan. Brasília: Editora Universidade de Brasília, 2001.

DEUTSCH, M. *The Resolution of Conflict, Constructive and Destructive Processes*. New Haven: Yale University Press, 1973. https://doi.org/10.1177/000276427301700206.

GOLEMAN, DANIEL *et al. Gerenciando pessoas:* os melhores artigos da Harvard Business Review sobre como liderar equipes. Tradução: Paulo Geiger. Rio de Janeiro: Sextante, 2018.

GORETTI, R. *Mediação e acesso à justiça*. Salvador: Juspodivm, 2017.

KATSH, E; RULE, C. What We Know and Need to Know About Online Dispute Resolution. *South Carolina Law Review* Vol. 67: Iss. 2, Article 10. (2016). Disponível em: https://www.americanbar.org/content/dam/aba/images/office_president/katsh_rule_whitepaper.pdf. Acesso em: 10 jul. 2022.

LEAL, M.N. *A mediação enquanto instrumento de acesso à justiça material:* perfilhando o caminho da cultura de paz. São Paulo: Dialética, 2020.

MACFARLANE, J. *The New Lawyer – How Settlement is Transforming the Practice of Law*. Toronto: USB Press, 2008.

MANCUSO, R. C. *Acesso à Justiça:* condicionantes legítimas e ilegítimas. 2 ed. rev., atual. e ampl. São Paulo: Revista dos Tribunais, 2016.

MANCUSO, R. C. *Gestão adequada de conflitos*. Salvador: Juspodivm, 2019.

SUSSKIND, R. *Tomorrow Lawyers:* An Introduction To Your Future. EUA: Oxford, 2013.

ZANETI JR., H; CABRAL, T.N.X. *Justiça multiportas:* mediação, conciliação, arbitragem e outros meios de solução adequada para conflitos. Salvador: Juspodivm, 2017.

Quem são as autoras

Cássia Azevedo Clésio

Sócia proprietária de escritório de advocacia especializado no mercado imobiliário. Especialista em planejamento imobiliário, patrimonial e sucessório e em gestão de escritórios e departamentos jurídicos pela Legale. Certificada em Negócios de Impacto Socioambientais pela PUC-RJ. Bacharela em Direito pela UFRJ. Mediadora extrajudicial empresarial pelo CBMA. Colunista do jornal *A Gazeta* (ES), palestrante em eventos nacionais e internacionais, idealizadora dos projetos de impacto: Sementes jurídicas, Viagem no mercado imobiliário e Cidadania imobiliária.

Celeida Laporta

Co-Founder da CS VIEWS Mediação e Arbitragem e sócia da L2Z1 Digital Solutions. Coordenadora do Informativo ADRODR Brasil. Doutoranda em Inteligência Artificial na PUC/SP, mestre em Direito pela Escola Paulista de Direito, com Bacharelado e Licenciatura em Matemática na PUC/SP. Analista de sistemas, advogada pós-graduada em Direito Tributário, *coach* empresarial formada pelo Instituto Brasileiro de Coaching IBC, árbitra e mediadora judicial e extrajudicial credenciada no CNJ. Especialização em Mediación e em Abogacía 4.0 pela Universidade Salamanca, e em Práticas em Mediação e Arbitragem pela Universidade Portucalense. Mediadora certificada ICFML Porto/Portugal. Coautora dos livros *O Fenômeno da desjudicialização: uma nova era de acesso à justiça* (Lumen Juris 2018) e *Soluções extrajudiciais de controvérsias empresariais v.4* (Saraiva 2018). Organizadora e coautora do livro *Mediação de conflitos na prática: estudos de casos concretos* (Lumen Juris, 2019). Autora do livro *ODR – Resolução de conflitos online* (Quartier Latin, 2021). Organizadora e autora dos livros *A consensualidade aplicada às relações laborais* (Lumen Juris, 2022) e *Inteligência Artificial: fundamentos* (Lumen Juris, 2022).

Celia Caiuby

Advogada, parecerista e consultora jurídica. Mestre em Direito pela Escola Paulista de Direito; membro da Comissão Nacional de Família e Tecnologia do Instituto Brasileiro de Direito de Família (IBDFAM); coordenadora da Comissão de Tecnologia e Inovação do Instituto Brasileiro de Práticas Colaborativas (IBPC); membro da International Academy of Collaborative Professionals (IACP) e da Comissão de Tecnologia e Inovação da OAB/SP; coordenadora e coautora de artigos e obras jurídicas.

Dayanna Rodrigues

Formada pela UNA em Administração com Ênfase Gestão de Pessoas, com MBA em Gestão de Negócios pela mesma instituição. Membro honorário do Instituto de Formação de Líderes em SP (IFLSP). Foi diretora de Gestão de Pessoas e Inovação em uma boutique de Hiper Automação (tecnologia). Consultora de Cultura e Negócios. Fundadora da Moveon, consultoria *full service* de pessoas.

Diana Bonar

Consultora de inúmeras empresas públicas e privadas na área de gestão de conflitos. Palestrante em grandes congressos de RH. Mentora de executivos/as que ocupam cargos de alta liderança. Mediadora de conflitos e facilitadora de Comunicação Não Violenta desde 2010. Por mais de 10 anos coordenou projetos de construção da paz em áreas afetadas pela violência. Sua trajetória profissional inclui não apenas o Brasil, mas os EUA, Inglaterra, Tailândia, Trinidad e Tobago, Macedônia. Diretora e fundadora da Peaceflow, empresa que atua na gestão positiva de conflitos. Especialista em Prevenção da Violência e Estudos da Paz pela Chulalongkorn University na Tailândia, cursou Gestão

de Projetos para impacto social no Babson College de Boston. Pós-graduada em Mediação de Conflitos e Gestão de Projetos pela FGV e Fundação Dom Cabral. Graduada pela PUC-Rio em Relações Internacionais. Facilita o ensino da CNV desde 2010.

Diana Gondim Leal Dantas

Advogada colaborativa pelo Instituto Brasileiro de Práticas Colaborativas (IBPC). Mestra em Direito Constitucional pela Universidade de Fortaleza (UNIFOR). Fundadora e sócia-diretora do Instituto de Mediação e Conciliação do Ceará (IMECC). Mediadora judicial e extrajudicial certificada pelo Tribunal de Justiça do Estado de São Paulo (TJSP). Instrutora da Justiça Consensual Brasileira certificada pelo Conselho Nacional de Justiça (CNJ).

Gabriela Pisani Medina

Jornalista e advogada, mestranda em Direito na UNESA, pós-graduada em Justiça Multiportas pela EMERJ, facilitadora de Justiça Restaurativa pela EMEDI, mediadora privada e sócia da Oitis Câmara de Mediação e Arbitragem, mediadora judicial do TJRJ e da Câmara de Mediação da OAB/RJ, membro da Comissão de Mediação do IBDFAM e da OAB/RJ e da Gestão Positiva de Conflitos da ABA, palestrante em cursos e *lives*.

Grasielle dos Reis Rodrigues Mello

Mediadora há 17 anos. *Founder* da Clarificar – Consultoria e Gestão de Conflitos. Advogada consensualista. Presidente da Comissão de Mediação, Conciliação e Arbitragem da OAB em Lagoa Santa/MG. Instrutora certificada pelo CNJ em Mediação e Conciliação Judiciais. Mediadora Avançada ICFML. Pós-graduada em Direito Civil e Processual

Civil e em Arbitragem e Mediação. Cursa Mestrado na Argentina, onde também realizou formação teórico-prática em Mediação de Conflitos. Autora e coautora de livros sobre resolução de conflitos.

Indira Matos Freitas de Magalhães

Mediadora de conflitos há 15 anos, advogada familiarista, pós-graduanda em Métodos Adequados de Solução de Conflitos, especialista em Processo Civil, analista comportamental, com Formação em Programação Neurolinguística aplicada a Mediação e Comunicação Não Violenta. Presidente da Comissão de Mediação do Instituto Brasileiro de Direito de Família - IBDFAM/TO e da Comissão de Meios Alternativos de Solução de Conflitos da OAB/TO.

Juliana Aparecida Brochado

Formada em Administração de Empresas e Ciências Contábeis pela Unifae, com pós-graduação em Gestão de Projetos pela USP/Esalq. Com mais de 14 anos de experiência nas áreas trabalhista, previdenciária e *outsourcing* (BPO), iniciou sua carreira em empresas de auditoria e consultoria, Big4, em 2013. Desde então, assessora empresas brasileiras e estrangeiras em desenho de políticas, redesenho de fluxos internos, implementações, automatizações de processos e melhoria contínua em operações de recursos humanos.

Mayra Motta

Advogada, parecerista e consultora jurídica. Pós-graduada em Direito Tributário pela Fundação Getúlio Vargas (FGVLaw) e em Direito Médico e Hospitalar pela Escola Paulista de Direito (EPD); certificada em Professional Environmental Management pela Universidade de Toronto, Canadá (UOT). É diretora ESG do Founder Institute Brasil-Portugal, uma aceleradora de *startups pre-seed* com sede no Vale do Silício, e *board advisor* de *startups early-stage*.

Macela Nunes Leal

Advogada, escritora, mediadora extrajudicial e judicial, pós-graduada em Direito e Processo do Trabalho com formação em Magistério Superior, pós-graduada em Direito Constitucional e Administrativo, mestra em Resolução de Conflitos e Mediação, presidente da Comissão de Advocacia Colaborativa da OAB PI. Atuação junto à Câmara de Prevenção e Resolução de Conflitos Administrativos da Procuradoria Geral do Estado do Piauí.

Quíssila Pessanha

Doutoranda em Direito Privado. Mestre em Ciências Jurídicas e Sociais. Especialista em Mediação e Negociação. Mediadora Judicial TJ/RJ, Extrajudicial e Online ICFML.